웨스턴
오스트레일리아

마음세상

프롤로그

콴타스항공(Qantas Airways)의 빨간 캥거루만 보면 우리처럼 눈시울이 붉어지고, 심장이 두근거리고, 마음이 온통 그날로 돌아가는 사람이 어디 없을까? 그런 사람과 커피도 좋고, 맥주도 좋으니 호주에 대하여 오랫동안 이야기를 나누었으면 좋겠다. 은영이와 내가 생애 첫 외국으로 호주를 택한 것은 행운이었다. 덕분에 언제든 누가,

"외국 중에 어디가 제일 좋아요?"

하고 물으면 주저 없이 호주라고 대답할 수 있게 되었다. 너무 거만하게 들릴지 모르겠지만 며칠 관광으로 다녀오는 호주 말고, 뉴스 시간에 등장하는 호주 말고, 안에서 사는 바람에 닳아빠진 호주 말고, 호주의 밝은 면을 누리며 살아가는 일반 서민들과 정을 나누며 스미게 된 호주라

면 우리가 도사다. 그 세월이 장장 20년이니까. 그 20년 사이에 장년이던 믹과 베티는 노년이 되고, 청년이던 우리는 장년이 되었다. 그리고 깨달 았다.

'믹과 베티가 우리 인생의 은인이구나.'

첫 만남은 1997년 2월 23일이었다. 그때 은영이와 나는 각각 대학교 3 학년, 4학년의 휴학생이었고, 생전 처음 해외로 나가는 길이었고, 대구에 서 서울로, 서울에서 시드니로, 시드니에서 아들레이드로 날아가던 중이 었다. 옆자리에 한 서양인 남자가 앉았다. 아버지뻘이었다. 문득 시차가 생각나서 서양인 남자에게 물었다.

"아들레이드는 지금 몇 시인가요?"

문장이 맞고 틀리고를 떠나서 이 서양인 남자는 우리가 하는 말을 전 혀 알아듣지 못했다. 배운 지식을 총동원해서 다시 물어도 소용없었다. 문제는 발음이었다. 서양인 남자의 발음 또한 우리에게 생소하기는 마찬 가지였다. 결국 우리는 필담을 나누게 되었고, 시차 이야기가 끝난 후 서 양인 남자가 물었다.

"어디서 왔어?"

"한국에서요."

"아들레이드는 왜 가?"

"여행도 하고, 영어 공부도 하려고요."

"어디서 묵을 예정이야?"

"모르겠어요. 가서 찾아볼 거예요."

진짜로 그랬다. 우리는 이민 가방 2개를 꽉꽉 채워서 가면서 숙소를 예약하지 않은 상태였다. 한국에서 예약하자니 이것저것 성가셔서 그랬다. 설마 공항 근처에 호텔 하나 없을까? 당시 우리는 많이 젊었다.

"공항 근처에 아무것도 없는데?"

"호텔이 하나도 없다고요?"

"응. 게다가 일요일이라서 가게 문도 다 닫았어."

절망이었다. 서양인 남자는 우리의 처지를 진심으로 걱정해 주었다. 잠시 침묵이 흐른 후, 정말 기적 같은 일이 일어났다.

"우리 집에 캐러반이 있는데 거기서 며칠 묵어."

"예?"

"숙소가 정해지면 나가."

"예?"

그때 우리는 이 대화가 우리의 인생을 이처럼 크게 바꿔 놓으리라고는 꿈에도 생각하지 못했다. 비행기가 아들레이드공항에 도착하자 서양인 남자는 우리를 공항 주차장으로 데려갔다. 그리고 마중을 나온 부인에게 자초지정을 설명해 주었다. 아마 이렇게 이야기를 했을 것이다.

"비행기에서 아무 대책 없이 온 동양인 둘을 만났어. 여보, 집에 데리고 가자. 저 아이들은 여기를 너무 몰라. 며칠만 캐러반에서 지내게 하자. 여보, 부탁해."

그렇게 믹과 베티와 우리의 인연이 시작되었다. 캐러반에서 잠시 머문다는 것이 곧 집 안에서 머물게 되었고, 결국 동네 전체를 통틀어 외국인이라고는 우리뿐인 조용한 외곽 마을에서 6개월을 보내게 되었다. 아기가 쑥쑥 커 가듯 우리의 영어 실력도 쑥쑥 늘어났다. 한국에 돌아온 후,

웨스턴
오스트레일리아

웨스턴 오스트레일리아

초판1쇄 발행 | 2017년 5월 2일

글 · 사진 | 이한설
펴낸이 | 공상숙
펴낸곳 | 마음세상

주 소 | 경기도 파주시 한빛로 70 507-204

신고번호 | 제406-2011-000024호
신고일자 | 2011년 3월 7일

ISBN | 979-11-5636-080-3 (03960)

문의 및 원고 투고 | maumsesang@naver.com
홈페이지 | http://maumsesang.blog.me
까페 | http://cafe.naver.com/msesang

* 참신한 원고를 기다리고 있습니다. 번뜩이는 아이디어가 있으시다면
바로 maumsesang@naver.com 으로 연락주세요.

이 도서의 국립중앙도서관 출판예정도서목록(CIP)은 서지정보유통지원시스템 홈페이지(http://
seoji.nl.go.kr)와 국가자료공동목록시스템(http://www.nl.go.kr/kolisnet)에서 이용하실 수 있습니
다. (CIP제어번호 : CIP2017008699)

우리는 2년에 1번꼴로 한국에서, 호주에서, 아일랜드에서, 영국에서 만나 즐거운 시간을 보내고 있다.

함께 늙어 가고, 함께 추억을 쌓아 가는 인연이 호주에 있어서 우리의 삶이 얼마나 풍요로워졌는지 모른다. 우리는 믹과 베티를 호주 부모님(Aussie Parents)이라고 부르고, 믹과 베티는 우리를 한국 자식들(Korean son and daughter)이라고 부른다. 믹과 베티 덕분에 우리 삶의 지평이 한국을 벗어나서 세계로 나아가게 되었고, 세상을 따뜻한 눈으로 바라보게 되었다. 이런 믹과 베티와의 추억을 이 책으로 엮는다. 이 책을 통해 많은 이들이 호주의 밝은 면을 누리며 살아가는 일반 서민들의 삶을 있는 그대로 알게 되었으면 좋겠다.

1
웨스턴오스트레일리아로
가는 길

백인 여자는 남자 친구가 자신과 헤어진
후 어떤 모습으로 공항을 떠났는지 모르
고, 한국 남자는 백인 여자가 자신과 헤
어진 후 어떤 모습으로 한국을 떠났는지
모르지만 우리는 둘 다 목격했고, 그것을
지금 완전히 주관적인 관점에서 재구성
하려 한다. 제목 하여 '백인 여자와 한국
남자의 애끊는 청춘, 인천공항 편'이다.

이별의 단상,
인천공항을 떠나며

공항은 태생적으로 만남과 헤어짐이 교차한다. 우리 또한 공항에서 참 많이 만나서 기뻐했고, 헤어져서 슬퍼했다. 이 글을 적고 있는 지금도 수많은 비행기가 만남과 헤어짐을 나르고 있다. 웃음과 울음의 배달부이다. 인천공항 출국장에서 짐 검사를 받기 위해 줄을 서 있는데, 은영이가 옆구리를 찌르며 속삭였다.

"선배, 저기 봐."

눈짓이 가리키는 곳을 보니 한 20대 백인 여자가 엉엉 울고 있었다. 언제부터 울었는지 온 얼굴이 벌겋다. 그 모습에 괜스레 내 눈시울까지 붉어질 정도였다. 순간 이런 생각이 들었다.

'너무 슬퍼. 세상 누구도 저렇게 슬프지 않았으면 좋겠어.'

가서 달래 주고 싶었다. 말도 안 되는 소리지만 어쨌든 그런 마음이 동한 것은 사실이다. 우리는 여자가 울고 있는 이유를 알고 있다. 출국장에서 동선이 엮이는 바람에 본의 아니게 알게 되었다. 백인 여자의 남자 친구는 한국 남자다. 둘은 조금 전에 오래도록 끌어안고 있었고, 어렵사리 떨어졌다. 이까지는 은영이와 나, 그리고 백인 여자와 한국 남자 모두 알고 있는 사실이다. 여기에 우리는 당사자들이 모르는 사실을 조금 더 알고 있다. 백인 여자는 남자 친구가 자신과 헤어진 후 어떤 모습으로 공항을 떠났는지 모르고, 한국 남자는 백인 여자가 자신과 헤어진 후 어떤 모습으로 한국을 떠났는지 모르지만 우리는 둘 다 목격했고, 그것을 지금 완전히 주관적인 관점에서 재구성하려 한다. 제목 하여 '백인 여자와 한국 남자의 애끓는 청춘, 인천공항 편'이다.

제1막

한 쌍의 연인이 인천공항 출국장에서 진하게 포옹하고 있다. 입맞춤까지 진하게 나누는 것으로 보아서 예사롭지 않은 관계이다. 공공장소에서 이런 대담한 행위가 자연스러운 이유는 여자가 백인 여자이기 때문이고, 공항이라는 특수성 때문이다.

둘 다 힘겨워하는 모습이 역력하다. 입을 맞추고 있는 순간만큼은 이별이 소멸된 것 같겠지만 현실이 어디 그리 녹록하던가? 현실이라는 놈은 비행기 출발 시간을 들고 한 걸음 한 걸음 다가오고 있다. 이별의 순간이 다가올수록 둘의 몸부림이 강렬해진다. 그렇다, 현실은 이별 당사자의 의지가 반영되는 모호하고 관념적인 개념 속에 존재하지 않는다. 매우 구체적이면서 기적이 없는 한 불변인 물질들의 집합 속에 존재한다. 이별은 무조건 닥치게 되어 있다.

제2막

서로 입술을 떼고, 가슴을 떼고, 배를 뗀다. 손은 여전히 붙어 있다. 꼭 쥔 손을 통해 전달되는 사랑이라고 해서 결코 입맞춤보다 옅지 않다. 모든 행위가 잠시 정지된다. 짧지만 영원 같은 시간 속에서 지난날의 기쁨이 둘의 뇌리에 주마등처럼 지나간다. 갑자기 여자가 손을 놓는다. 그리고 의외의 날랜 동작으로 출국 심사장을 향해 걸어간다. 뒷모습에서 단호함이 베어 난다. 무정한 자동문이 자궁문을 벌려서 여자를 낳고는 바로 오므린다. 남자 쪽에서는 여자가 한국을 떠난 것이지만, 여자 쪽에서는 어디까지나 자동문 너머 세상에서 다시 태어난 것이다. 그 세상은 은영이와 내가 곧 다시 태어날 세상이기도 하다. 남자는 멍하니 서서 벌렸다, 오므렸다, 벌렸다, 오므렸다 하는 자궁문을 바라본다. 자궁문 너머 세상을 동경하지만 그렇다고 다시 태어날 수는 없다. 다시 태어나지 않는 한 이별이다.

은영이와 나는 이들의 이별에 가슴을 아파한다. 이들이 겪고 있는 이별에는 결코 가볍지 않은 의미가 깃들어 있기 때문이다. 이들 앞에는 엄청나게 힘든 나날이 기다리고 있다. 서서히 무뎌지기야 하겠지만 그것이 결코 다른 행복을 약속해 주지는 않는다. 최악의 경우에는 서로 그리워만 하다가 생을 마감할 수도 있다. 현실은 결코 녹록하지 않다. 은영이와 나는 이들의 사랑을 불쌍히 여긴다. 둘을 불쌍히 여기는 것이 아니라 어떤 식으로든 상처를 받을 수밖에 없는 이들의 사랑을 불쌍히 여긴다.

제3막

남자가 발걸음을 돌린다. 어쩔 수 없이 돌아서는 발걸음이, 어? 전혀 무겁지 않네? 오히려 경쾌한 느낌마저 든다. 마치 퇴근하는 직장인 같다. 남자는 시원시원하게 우리를 지나쳐서 출구 쪽으로 간다. 우리는 남자의 뒷모습을 바라본다. 다급하게 찾은 화장실에서 볼일을 끝내고 나서는 느낌이 반이요, 잃어버린 지갑의 분실신고를 끝내고 파출소를 나서는 느낌이 반이다. 사람이 사람을 만나서 사랑하고, 살고, 헤어지는 일이 결코 쉽지 않음을 잘 알지만, 그렇다고 그 쉽지 않음으로 인해 남은 삶을 망칠 수는 없으니 잊을 것은 잊고, 남길 것은 남기고, 새로 시작할 것은 새로 시작해야 한다는 다짐이 뒷모습에 서려 있었다. 남자의 등줄기를 타고 흐르는 당당함이 그리 그렇게 보이지 않는다.

제4막

자궁문이 벌어진다. 이제 우리가 다시 태어날 차례다. 눈이 부시다. 앞서 태어난 백인 여자가 저 앞에 있다. 그런데 얼굴이 벌겋다. 눈가가 가장 벌겋다. 가슴앓이가 눈에서 시작되었음을 알겠다. 가슴앓이만이 아니다. 울음 또한 눈에서 시작되었고, 이제는 온몸이 울고 있다. 여자의 가슴앓이와 울음은 검색대를 통과하고, 출국 심사를 받고, 면세점에 들어설 때까지 이어진다. 지금 은영이와 나는 함께 있다. 영원히 떨어지지 않을 작정이다. 우리는 죽어도 같이 죽고, 태어나도 같이 태어날 것이다. 무조건.

퍼스(Perth)를 거쳐
포트 헤들랜드(Port Hedland)까지

비행기가 이륙했다. 홍콩에서 퍼스(Perth)행 비행기로 갈아탔다. 예약은 캐세이퍼시픽항공(Cathay Pacific Airways)으로 했지만, 비행기는 콴타스항공(Qantas Airways)이었다. 은영이와 내가 가장 사랑하는 항공사, 콴타스! 콴타스항공의 빨간 캥거루만 보면 심장이 두근거리고, 눈시울이 붉어지고, 서로 마구 안고 싶어진다. 철없던 시절의 우리가 부푼 꿈을 안고 처음 한국을 떠날 때, 호주로 떠날 때의 느낌이 되살아나기 때문이다. 지금껏 내 옆에 있어 준 은영이에게 한없이 고마움을 느낀다. 은영이도 부디 그렇기를. 우리는 호주에 대해 근본적으로 이러한 인식을 가지고 있다.

나의 고향은 대구다. 은영이의 고향도 대구다. 그러나 우리의 고향은 호주다. 그래서 우리는 콴타스항공의 빨간 캥거루를 고향에 데려다 주는 준마로 여기고 있다. 본능이 그리 여긴다.

퍼스 국제공항(Perth International Airport)에 도착했다. 7시간 반이 걸렸다. 이제 국내선으로 갈아타고 포트 헤들랜드(Port Hedland)로 날아가야 한다. 그런데 환승 계획이 그만 꼬이고 말았다. 홍콩을 떠날 때 30분이 지연되는 바람에 도착도 30분이 늦었고, 사람이 몰리면서 입국 수속이 오래 걸렸고, 짐 검사 중에 커피믹스를 빼앗기느라 또 지체되었고, 국내선 탑승권을 끊는 데도 적지 않은 시간이 걸렸다. 퍼스 국제공항은 국제선 청사와 국제선 청사가 멀리 떨어져 있다. 그래서 순환 버스나 택시로 이동해야 한다. 버스비는 탑승권이 있으면 공짜고, 택시비는 탑승권이 있어도 내야 한다. 우리는 당연히 버스로 이동하는 것으로 계획을 잡았다. 그러나 위에 적은 일련의 지체들 때문에 버스가 불가능하게 되었고, 결국 택시비로 생돈을 썼다. 무척 아까웠다.

그렇게 국내선 청사에 도착했다. 곧장 9번 탑승구로 갔다. 출발을 기다리는 동안 함께 기다리는 사람들의 면면을 보니 여행객은 정말 우리 둘뿐이었다. 다른 사람들은 모두 일터로 돌아가는 행색이었다.

'에이, 설마.'

하면서도 여행객을 단 한 명도 찾지 못했다. 비행기에 타서도 살펴보았다. 정말로 우리뿐이었다. 어떻게 이럴 수 있을까? 포트 헤들랜드는 과연 어떤 도시일까? 이에 대한 대답을 9할 정도는 이미 들었다. 국내선 탑승권을 끊을 때 콴타스항공 직원이 우리의 목적지를 2번, 3번 확인하면서 이렇게 물었었다.

"목적지가 정말로 포트 헤들랜드인가요? 포트 헤들랜드는 노동자가 가는 곳이지, 관광객이 가는 곳이 아니에요. 여러분은 딱 관광객처럼 보여요. 그런데 목적지가 정말로 포트 헤들랜드인가요?"

포트 헤들랜드는 그런 곳이었다.

포트 헤들랜드로 날아가는 2시간 동안 창밖에서 눈을 떼지 못했다. 인간의 흔적이라고는 가끔 등장하는 직선 길밖에 없는 황무지가 계속되었다. 이따금씩 보이는 작은 도시, 작은 공항이 무척 반가웠다. 나중에 안 사실이지만, 이때 구경한 것 중에는 며칠 뒤에 직접 보게 되는 파라버두 공항(Paraburdoo Airport)과 카리지니 국립공원(Karijini National Park)도 있었다. 귀국 후에 사진을 정리하면서

'어? 혹시 이것은?'

하며 지도와 면밀히 비교해 보는데, 파라버두 공항과 카리지니 국립공원임이 확실하다고 결론이 나는 순간 얼마나 기뻤는지 모른다.

비행기가 고도를 낮추기 시작했다. 포트 헤들랜드에 거의 다 왔다.

'조금만 있으면 믹과 베티를 만날 수 있다.'

고개를 돌려서 은영이를 바라보았다. 천국의 문 앞에라도 서 있는 것처럼 행복에 젖어 있었다. 나도 그랬다. 창밖으로 푸른 바다가 등장했다. 지금까지는 붉은 땅밖에 없었다. 조금 더 고도를 낮추자, 푸른 바다와 붉은 땅 사이로 회색빛 도시가 드러났다. 포트 헤들랜드였다. 조금 더 낮추자, 푸른 바다와 회색빛 도시 틈바구니에서 항구의 속살이 드러났다. 정박해 있는 여러 척의 대형 선박, 바삐 오가는 여러 척의 소형 선박과 하

얀 소금꽃이 피어 있는 염전과 핏빛 철광석이 피어 있는 부두가 서로 강하게 대비되었다. 완전히 낯선 세상이었다. 그래서 더욱 기대되는 포트 헤들랜드였다. 드디어 비행기가 착륙했다. 포트 헤들랜드 국제공항(Port Hedland International Airport)에 도착한 것이다. 관제탑과 청사가 꼭 장난감 같았다. 그래도 명색이 국제선까지 있는 공항이다. 그리 멀리까지는 연결되지 못하고 가까운 덴파사르(Denpasar) 정도와 연결된다. 덴파사르라고 하니까 무척 낯설게 들릴지 모르겠는데, 그 유명한 발리(Bali)다.

비행기에서 내렸다. 청사 안으로 들어갔다. 짐이 나오기를 기다리는데 뒤통수가 이상해서 돌아보니 베티가 등 뒤에 와 있었다. 우리를 놀라게 하려고 했고, 대성공했다.

"베티? 베티!"

너무나 반가웠다. 은영이와 베티가 서로 부둥켜안고 재회의 기쁨을 나누었다. 나도 엄청 기쁘기는 한데 부둥켜안지는 못하고 그저 뺨으로만 뽀뽀했다. 공항이 조그맣다 보니 가능한 일이었다. 그런데 믹의 모습이 보이지 않았다. 은영이와 내가 거의 동시에 물었다.

"믹은요?"

"일하고 있어. 조금 있다가 데리러 갈 거야."

짐이 나왔다. 함께 청사를 나서서 주차장으로 갔다. 해가 중천에 떠 있었다. 시계를 보니 이제 막 오후로 접어들고 있었다.

2
포트 헤들랜드

우리는 환호하며 차에 올랐다. 드디어
믹을 만나러 간다! 완충지대를 가로질러
서 웨지필드로 갔다. 산업 단지 같은 곳
이었다. 한 창고 건물이 건너다보이는
자리에 차를 세우고 믹에게 전화를 걸었
다. 잠시 후 창고 건물에서 믹이 나왔다.
우리에게는 그 어떤 영화 주인공의 등장
보다도 더 반갑고 멋있었다. 믹의 한 손
에 도시락 가방이 들려 있었다. 이상하
게 그것이 가장 먼저 눈에 들어왔다. 현
실임을 일깨워 주는 장치라서 그랬을까?
은영이가 차에서 뛰쳐나가며 소리쳤다.

우리 집은
사우스 헤들랜드 캐러반파크

베티가 우리를 데리고 간 곳은 사우스 헤들랜드 캐러반파크(South Hedland Caravan Park)였다. 믹과 베티가 1년째 머물고 있는 터전이다. 포트 헤들랜드에 있는 동안 우리도 이곳에 머물렀다. 사우스 헤들랜드 캐러반파크는 사우스 헤들랜드(South Hedland)에 있는 캐러반파크이고, 사우스 헤들랜드는 포트 헤들랜드의 남쪽 지역 이름이다. 그래서 사우스 헤들랜드를 설명하려면 먼저 포트 헤들랜드를 설명해야 하고, 포트 헤들랜드는 아래 세 지역으로 크게 구분된다.

항구를 중심으로 한 상업지역, 포트 헤들랜드
남으로 20km쯤 떨어진 주거지역, 사우스 헤들랜드
둘의 중간에 있는 산업단지, 웨지필드(Wedgefield)

이들 세 지역의 구분은 포트 헤들랜드의 역사와 밀접한 관련이 있다. 포트 헤들랜드는 1863년에 피터 헤들랜드(Peter Hedland) 선장이 이곳에 처음 발을 들임으로써 시작되었다. 이후 계속 빛을 못 보다가 1960년대에 들어서 내륙지역에 광산 개발이 시작되었고, 그곳에서 채굴된 광석을 반출하기 위한 산업항으로 낙점되면서 본격적인 발전이 시작되었다. 따라서 사람이 모이게 되고, 주거 용지가 부족하게 되고, 산업 용지 또한 부족하게 되고, 그래서 도시가 내륙 쪽으로 확장되면서 주거지역인 사우스 헤들랜드와 산업단지인 웨지필드가 조성되었다. 그래서 믹과 베티도 사는 곳은 사우스 헤들랜드이고, 일하는 곳은 웨지필드였다.

"믹을 데리러 가자."

"우아!"

우리는 환호하며 차에 올랐다. 드디어 믹을 만나러 간다! 완충지대를 가로질러서 웨지필드로 갔다. 산업 단지 같은 곳이었다. 베티가 한 창고 건물의 건물 건너편에 차를 세우고 믹에게 전화를 걸었다. 잠시 후 창고 건물에서 믹이 나왔다. 우리에게는 그 어떤 영화 주인공의 등장보다도 더 반갑고 멋있었다. 믹의 한 손에 도시락 가방이 들려 있었다. 이상하게 그것이 가장 먼저 눈에 들어왔다. 현실임을 일깨워 주는 장치라서 그랬을까? 은영이가 차에서 뛰쳐나가며 소리쳤다.

"믹!"

그 뒤로 내가 점잖지만 빠른 걸음으로 따라 나가며 외쳤다.

"믹!"

정말 반가웠다. 정말 보고 싶던 얼굴이었다. 우리는 인사를 나누고 함

께 차에 올랐다. 베티가 뒷자리로 가고, 믹이 운전대를 잡고, 내가 믹 옆
자리에 앉고, 은영이가 뒷자리에 가서 베티와 나란히 앉았다. 한국에서
도, 호주에서도, 다른 나라에서도 늘 이렇게 다니는 우리다. 다시 뭉친 사
인방, 믹, 베티, 나, 은영이, 합체! 출발!

　달리면서 우리는 반가운 말, 궁금한 말, 들려주고 싶은 말, 해야 하는 말
등을 두서없이 주고받았다. 조금 전에 셋이 대화를 나눌 때보다 훨씬 많
은 말들이 빠르게 오갔다. 혹시 4명까지는 대화의 양이나 질이 N배가 아
니라 N제곱으로 풍성해진다는 무슨 법칙이라도 있는 것은 아닐까? 큰길
에 들어섰다. 믹이 차를 남쪽이 아닌 북쪽으로 몰았다. 사우스 헤들랜드
쪽이 아닌 포트 헤들랜드 쪽이다. 믹에게 물었다.

　"믹, 지금 어디로 가요?"

"요트클럽. 스티브(Steve)를 만나기로 했어."

"스티브요?"

전혀 예상치 못한 이름의 출현에 깜짝 놀랐다. 스티브라면 5년 전에 애서턴(Atherton)에서 만난 사람이다. 당시 믹과 베티는 레이크사이드 인(Lakeside Inn)이라는 모텔 겸 캐러밴파크에서 지배인으로 일하고 있었고, 스티브는 그곳에 자신의 잠자리 버스를 갖고 와서 장기로 지내던 손님이었고, 스티브의 부인은 Jude(주드)인데 다들 주디라고 불렀고, 나이는 나보다 열서너 살 정도 많고 믹보다 대여섯 살 정도 어렸다. 그때 우리는 함께 즐거운 시간을 보냈다. 그 인연이 이렇게 포트 헤들랜드까지 이어지다니. 그 사연을 믹과 베티가 서로 앞다투어 가며 설명했다.

"그때 스티브와 주디가 타운즈빌(Townsville)에 간다고 했지?"

맞다. 그랬다. 타운즈빌은 케언즈(Carins)와 브리즈번(Brisbane) 사이에 있는 조그만 해안도시다.

"거기서 보트 강사 자격증을 땄어. 나중에 우리가 이리로 오라고 했지. 덕분에 지금은 포트 헤들랜드 요트클럽에서 관리인 겸 강사로 일하고 있어."

세상은 정말 놀라운 일투성이다.

포트 헤들랜드 요트클럽 1, 불꽃놀이가 곁들여진 파티

포트 헤들랜드 요트클럽(Port Hedland Yacht Club)에 도착했다. 그런데 안으로 들어가지 않고 옆에 있는 트레일러(Trailer)로 갔다. 여기서 트레일러란, 생김새만 조금 다를 뿐 캐러반과 거의 동일한 역할을 하는 이동식 주거공간을 말한다. 외형이 완전한 직육면체였다. 믹과 베티는 캐러반과 트레일러를 명확히 구분해서 설명해 주었지만, 우리에게는 그것이 그것으로 다가왔다. 실제 대화에서도 전혀 다를 바 없이 사용되었다. 이 트레일러가 바로 스티브와 주디가 살고 있는 집이다. 5년 사이에 집이 바뀐 것이다. 우리가 도착한 것을 알고 스티브가 뛰어나왔다.

"너희들 왔구나!"

특유의 떠들썩함이 우리를 흥분시켰다. 5년이 지났는데도 어떻게 이렇게 바로 어제 만난 것 같을까? 우리는 그대로 서서 이야기꽃을 피우기 시작했다. 우리가 할 말이 많기도 했지만 스티브가 원체 유쾌한 사람이다 보니 이야기가 끝날 줄 몰랐다. 중간중간에 믹과 스티브가 업무와 관한 이야기를 곁들였다. 그러다가 스티브가 들어오라고 해서 테라스로 안내했고, 그곳에서 시원한 맥주와 함께 대화를 이어갔다. 주디는 일하러 가고 없었다.

이야기를 나누면서 보니까, 저 멀리 주차장에 희한하게 생긴 차들이 연달아 들어오고 있었다. 그냥 넘기기에는 차들의 생김새가 너무나 특이했다. 한껏 치장하기는 했지만 유치찬란함의 극치라고나 할까? 멀리서도 확 느껴지도록 유치함이 참으로 찬란했다.

"스티브, 저게 뭐에요?"

"오늘 저녁에 행사가 있어. 그 사람들이야."

"가서 구경해도 돼요?"

"물론이지."

은영이와 나는 테라스를 나섰다. 요트클럽 마당으로 바로 이어졌다. 그대로 마당을 가로질러서 주차장으로 갔다. 많은 차들이 줄지어 서 있었다. 하나같이 아이들 장난감 같았다. 그만큼 작다는 뜻이 아니라 그렇게 치장되어 있었다는 뜻이다. 그래서 어찌 보면 유랑극단 같기도 했다.

"선배, 무슨 행사일까?"

"몰라. 참 신기하네."

우리는 한 대 한 대를 살펴본 후 테라스로 돌아왔다. 자리에 앉으니까 스티브가 바다 쪽을 가리키며 말했다.

"저쪽을 봐 봐."

고개를 돌렸다. 좁은 바다 너머에 모래톱이 있고, 그곳에 서너 명의 남자가 무엇인가를 설치하는 중이었다. 스티브가 말했다.

"불꽃놀이 기계를 설치하는 중이야. 오늘 밤에 볼만할 거야."

대화가 자연스럽게 밤에 다시 만나는 것으로 이어졌다. 저녁 식사를 함께 할 수는 없었다. 우리를 위해 믹과 베티가 이미 식당을 예약해 두었기 때문이다. 식사를 마치고 와서 맥주를 한잔하며 불꽃놀이를 즐기기로 했다.

캐러반파크로 돌아왔다. 나중에 요트클럽에서 마실 맥주를 냉장고에 넣어 두고 시내로 나갔다. 저녁 식사는 중국요리였다. 호주에 갈 때마다 믹과 베티는 첫날 저녁을 이런 식으로 예약해 둔다. 일종의 환영 만찬인 셈이다. 거꾸로 믹과 베티가 한국에 올 때는 우리가 첫날 저녁을 스테이크로 준비한다. 이 또한 우리의 환영 만찬이다.

저녁 식사를 마쳤다. 캐러반파크에 가서 냉장고에 넣어 둔 맥주를 챙겨 들고 요트클럽으로 갔다. 도착하니까 행사가 한창 진행 중이었다. 우리는 아까 그 테라스에 앉아서 행사를 구경했다. 당연히 맥주와 함께였다. 그런데 이번에는 주디밖에 없었다. 스티브는 행사 때문에 너무 바빴다. 나중에 가서 보니까 매점에서 간단한 요리와 주전부리를 팔고 있었다. 악수를 나눌 시간이 없어서 눈인사만 잠깐 했다.

행사는 자유분방했다. 누가 듣든 말든 악단은 계속해서 연주했고, 누구든 마음이 내키면 나와서 노래를 불렀고, 여기저기서 사람들이 음악과

무관하게 몸을 흔들었다. 아이들이라고 뒷전에 물러나 있는 것도 아니었다. 자기들끼리 노래를 부르고, 춤을 추고, 풀밭에서 뒹굴고, 놀이터를 점령했다. 정말이지 제대로 흥겹고, 유쾌하고, 풍요로운 파티였다. 은영이와 나는 요트클럽 안팎을 돌아다니며 구경했고, 믹과 베티는 테라스에서 주디와 이야기를 나누며 구경했다. 그러다가 드디어 불꽃놀이가 시작되었다. 행사의 절정이자, 마지막이었다. 단어 뜻 그대로 '마지막 불꽃을 태우는 시간'이다.

팡팡!
펑펑!

우리는 웬만큼 시시해도 감동을 받을 준비가 되어 있었다. 그러나 불꽃은 우리의 배려가 무색하도록 화려하고, 다채롭고, 규모가 컸다. 이런 소규모 단체를 위한 불꽃놀이라고는 전혀 상상할 수 없을 정도였고, 휘영청 밝은 달빛까지도 불꽃들의 고운 빛깔을 퇴색시키지 못할 정도였다. 게다가 꽤 오래 이어지기까지 했다.

불꽃놀이가 끝났다. 공식 행사가 모두 끝났다. 그러나 흥겨움은 티끌만큼도 잦아들지 않았다. 아무래도 밤을 샐 것 같았다. 덕분에 스티브는 여전히 매점에서 빠져나올 수 없었다. 우리는 하는 수 없이 스티브에게는 제대로 된 작별 인사도 건네지 못하고 떠났다. 돌아오는 길에

"정말 신나게 팔던데?"

"바쁜 만큼 벌이가 좋겠지?"

"불꽃놀이가 정말 멋있었어, 그지?"

해 가면서 불꽃놀이의 추억을 마무리했다. 여운이 길게 남았다. 그만큼 인상적인 행사장이었다.

캐러반파크에 도착해서 따뜻한 커피를 한 잔 했다. 그리고 잠자리에 들었다. 잠자리는 믹과 베티가 마련해 준 조그만 텐트였다. 캐러반의 한쪽 면을 확장시켜서 거실로 쓰고 있었는데, 그곳에 우리를 위해 특별히 낮고 길쭉한 텐트를 설치해 주었다. 높이는 앉는 것이 불가능할 만큼이고, 너비는 둘이 나란히 누우면 딱 맞을 만큼이었다. 그렇다고 불편하거나 그렇지는 않았다. 오히려 아늑해서 좋았다. 깔고, 덮는 침낭이 무척 보들보들하고, 폭신폭신해서 아늑함이 더했고, 덕분에 편히게 꿈나라를 오갈 수 있었다.

BHP 빌리턴 넬슨 포인트 여행
(BHP Billiton Nelson Point Tour)

하루는 오전에 'BHP 빌리턴 넬슨 포인트 여행(BHP Billiton Nelson Point Tour)'을 했다. 이름이 참 길고 어려운 여행 상품인데, 쉽게 풀이하면 다음과 같다.

BHP 빌리턴(BHP Billiton)이라는 회사의 포인트 넬슨 항(Point Nelson Port)을 둘러본다. 철광석과 소금이 외부로부터 어떤 식으로 반입되어서, 관리되다가, 어떤 식으로 대형 화물선에 선적되는지 직접 볼 수 있다. 덤으로 돌아오는 길에 포트 헤들랜드에 현존하는 옛 건물들을 구경하면서 설명을 들을 수 있다.

한마디로 포트 헤들랜드의 현재를 먹여 살리고 있는 산업 현장과 그 산업 현장의 옛 모습을 확인할 수 있는 여행 상품이다. 여행 안내소에 가서 예약했는데, 그때 이런 주의 사항을 들었다.

"긴 옷, 긴 바지, 발등을 덮는 신발을 반드시 갖추셔야 합니다."

그래서 나는 머릿속으로 다음과 같이 생각했다.

'아, 철광석과 소금이 널린 곳을 돌아다니는구나.'

그런데 하필이면 한국에서 반바지밖에 가져오지 않았다. 신발도 샌들밖에 없었다. 이번 여행을 준비할 때 믹이 가능한 한 짐을 적게 가져오라고 해서 그렇게 되었다. 신발은 다행히 믹과 문수기 같아서 빌려 신을 수 있었다. 하지만 바지는 무리였다. 그래서 애꿎게 한 벌을 사야 했다. 그래도 손해는 아닌 것이, 한국에 가져와서 출퇴근용으로 잘 입고 다닌다. 은영이는 긴 바지와 운동화를 애용하기에 문제가 없었다. 휴양지에서도 애용한다는 것이 문제라면 문제다.

예약한 날이 밝았다. 여느 날처럼 믹과 베티가 출근했고, 베티가 오전에 퇴근했다. 그리고 우리를 태워서 포트 헤들랜드 중심가로 나갔다. 그곳에 있는 여행 안내소가 'BHP 빌리턴 넬슨 포인트 여행'의 출발지이기 때문이다. 믹은 업무 때문에 함께하지 못했다. 꽤 많은 사람이 출발을 기다리고 있었다. 잠시 후 안내에 따라 작은 버스에 올라탔고, 단번에 꽉 찼다. 대략 열서너 명쯤 되어 보였다. 이내 버스가 출발했다. 운전사가 운전과 안내를 도맡았다. 잠시 눈에 익은 도로를 따라 달렸다. 포트 헤들랜드와 사우스 헤들랜드를 잇는 도로다. 그리고 우회전해서 넬슨 포인트 항 입구에 섰다. 정면에 거대한 철광석 야적장이 봉곳봉곳 솟아 있었다.

운전사가 서류를 제출했다. 경비원이 확인 절차에 들어갔다. 둘이 서로 친한지 여간 다정스럽지 않았다. 하기는 하루에도 몇 번씩 드나드는 운전사일 테니 서로 친하지 않으면 더 이상하다. 나는 이들의 모습을 물끄러미 바라보았다. 아무래도 분위기가 업무적인 무엇인가를 하는 것 같지 않고 시시껄렁한 농담이나 주고받는 것 같았다. 대화 내용이 이렇다 해도 절대 착각은 아닐 성싶었다.

"굿 다이, 마이크(Good day, Mike)."

"굿 다이, 마이크(Good day, Mike)."

"오늘은 몇 명이야?"

"열서너 명쯤?"

"예쁜 여자 없어?"

"없어. 동양인 둘과 노인들뿐이야."

"동양인 둘?"

"그래, 오늘 비가 오려는지 동양인이 탔어."

"비가 오면 안 돼. 빨래 널어 놨단 말이야."

"하늘이 녹도 빼 주고 좋겠네."

"그런가? 어쨌든 동양인 둘을 잘 살펴."

"왜?"

"철광석과 섞이면 못 찾을 테니까."

"하하, 역시 자네 농담은 녹슬지 않았어."

"당연하지. 녹이 묻었을 뿐이야."

"안 그래도 여기 오니까 벌써 잘 안 보이네."

"그렇지? 오늘 3구역이 공사 중이니까 조심해."

"알았어. 나중에 봐."

"잘 가. 운전 조심하고."

확인 절차가 끝났다. 입구를 통과해 들어갔다. 가장 먼저 눈에 띈 것은 땅바닥에 널브러진 거대한 기계 부속품들이었다. 모양새는 꼭 조그만 부속품 같으면서도 크기가 전부 1m는 기본이고, 삼사m가 넘는 것도 부지기수였다. 모양새와 크기의 부조화가 무척 비현실적으로 다가왔다. 부속품이 이 정도면 기계는 도대체 얼마나 크다는 말일까? 기대된다. 마침 지게차 한 대가 왔다 갔다 하면서 부속품을 옮기고 있었다. 그런데 놀랍게도 운전사가 여자였다. 육중한 부속품과 야적장과 거친 지게차와 여성 운전자의 조합을 어떻게 해석해야 할까? 그런데 운전사의 설명에 의하면, 광산이나 야적장에서 기계를 다루는 데는 남자보다 여자가 더 적합하다. 여자가 훨씬 섬세하고, 조심스럽고, 욱 하는 성질이 덜하기 때문이다. 그래서 광산에 돌아다니는 초대형 덤프트럭도 과반수를 여자가 운전한다고 했는데, 나중에 카리지니 국립공원을 둘러보는 길에 한 '리오틴토 철광석 광산 여행(Rio Tinto Iron Ore Mine Tour)'에서 실제로 그것을 확인할 수 있었다.

부속품 야적장을 떠났다. 이후 우리는 엄청나게 긴 무개화물차에 철광석이 실려 들어오는 광경을 구경했고, 그것이 한 량 한 량 벨트 컨베이어(Belt conveyer) 위로 쏟아지는 광경을 구경했고, 그대로 쉼 없이 선별장으로 옮겨져서 선별되고, 다시 야적장으로 옮겨져서 야적되는 광경을 구경했고, 야적장에 쌓여 있는 철광석이 다시금 엄청난 기계로 퍼 올려져서 벨트 컨베이어에 실리는 광경을 구경했고, 저 멀리 부두에 있는 대형화물선까지 운반되는 광경을 구경했고, 마지막으로 배에 차곡차곡 선적되는 광경을 구경했다. 이쯤 되면 철광석이 어떻게 들어와서, 어떻게 부려지고, 어떻게 모여서, 어떻게 실려 나가는지 모두 확인한 셈이다.

수많은 대형 기계들이 일사불란하게 움직여서 어마어마한 양의 돌덩어리를 이곳에서 저곳으로, 저곳에서 저곳으로, 다시 저곳에서 저곳으로 옮기는 광경은 그야말로 감동이었다. 이렇게 이삼일을 꼬박 실어야 대형화물선 한 척이 가득 찬다니 그 양도 참 비현실적이다. 이 중에 최고의 볼거리는 야적장에 쌓여 있는 철광석을 벨트 컨테이너 위로 퍼 올리는 기계였다. 물레방아의 원리를 역이용했을 뿐인데도 그 규모에 그만 내가 가진 모든 상식이 평정되어 버렸고, 즉시 이렇게 무릎 꿇고 빌 수밖에 없었다.

'오만했던 나를 용서해 주세요.'

소금이 반입되어서 선적되는 과정도 구경했다. 철광석과 다른 점이 있다면 기차가 아닌 대형 화물차에 실려서 반입된다는 점, 그리고 따로 야적되지 않고 바로 배에 선적된다는 점이었다. 쉽게 설명해서 대충 이런 식이었다.

소금을 너무 많이 먹어서 배탈이 난 화물차가 똥을 누러 수거식 변소로 간다. 구멍을 잘 맞추어서 앉으면 그 밑에 있던 벨트 컨베이어가 자동으로 움직이기 시작한다. 대형 화물차가 똥구멍을 벌린다. 똥이 소금처럼 쏟아진다. 그 소금 같은 똥은 벨트 컨베이어에 실려서 부두로 운반되고, 바로 화물선에 선적된다. 똥을 다 눈 화물차는 똥구멍을 닫고 변소를 나선다. 그러면 다음 화물차가 들어와서 바지를 내린다.

이런 멋진 생각을 어디 나만 간직할 수 있을까? 나는 즉각

"은영아, 멋진 생각이 났어."

해 가면서 장황하게 묘사했다. 그러자 은영이는 내 허벅지를 확 꼬집으면서 이렇게 응대했다.

"귀를 기울인 내가 잘못이다. 정말 귀를 닫고 싶다. 선배는 어떻게 맨날 그렇게 변태 같은 생각만 해?"

어찌나 아픈지 눈물이 핑 돌았다. 감정이 있는 대로 들어가 있었다. 내 생각이 그렇게 잘못되었을까? 나는 오히려 은영이를 이해할 수 없다.

이 정도 둘러보고 포인트 넬슨 항을 떠났다. 항구를 둘러보는 것은 이것으로 끝이었다. 다소 싱거웠다. 가장 큰 이유는 버스에서 한 번도 내리

지 않았기 때문이다. 이럴 것이면 긴 바지와 발등까지 덮이는 신발은 왜 착용하라고 했을까? 일부러 사기까지 했는데 말이다. 아마 버스 고장 등 비상사태를 고려했을 것이다. 이어서 포트 헤들랜드의 옛 거리와 옛 건 물들을 구경하러 갔다. 이 또한 버스에서 내리지 않고 그저 지나가면서 설명을 듣는 것이 전부였다.

여행 안내소에 도착했다. 모두 끝났다. 이렇게 'BHP 빌리턴 넬슨 포인 트 여행'을 한 번 하고 나니까 포트 헤들랜드와 훨씬 가까워진 기분이 들 었다. 오늘날 포트 헤들랜드가 존재하는 이유는 철광석과 소금이다. 둘 중에 철광석에 크게 의존한다. 내륙에 산재한 여러 광산과 포트 헤들랜 드가 철도로 연결되어 있고, 그 철도를 통해 철광석이 포트 헤들랜드로 운반되어 오고, 그것이 방금 우리가 구경한 일련의 과정을 통해 배에 선 적되어 우리나라, 중국, 일본 등지로 팔려 나간다. 소금은 근처 바다에서 생산된 것들이다. 만약 철광석과 소금이 사라진다면? 당연히 포트 헤들 랜드도 사라진다.

캐러반파크로 돌아왔다. 오후 3시였다. 우리는 고기와 맥주를 챙겨 들 고 믹을 데리러 갔다. 그리고 믹을 태워서 곧장 요트클럽으로 갔다. 바비 큐 파티(Barbecue party)를 위해서였다. 그전에 해야 할 부업도 있었다.

포트 헤들랜드 요트클럽 2,
오스트리치스노츠(Ostrichsnots)

믹과 베티는 각자 갖고 있는 직업 외에 함께하는 부업을 하나 더 갖고

있었다. 포트 헤들랜드 요트클럽에서 식탁과 의자를 내놓고 정리하는 일

이었다. 스티브가 주선해 주었는데, 일은 무척 간단했다. 매주 월요일 저

녁에 가서 풀밭에 펼쳐져 있는 수십 개의 식탁과 의자를 창고에 챙겨 넣

고, 매주 수요일 저녁에 다시 가서 그것들을 꺼내 풀밭에 펼쳐 놓으면 그

만이었다. 이렇게 하는 이유는 목, 금, 토, 일에는 주로 야외 행사가 있고,

월, 화, 수에는 주로 없기 때문이다. 믹과 베티가 하면 1시간 남짓 걸린다

고 했다. 은영이와 내가 투입되니까 30분도 채 걸리지 않았다. 'BHP 빌리

턴 넬슨 포인트 여행'을 한 날은 수요일이었다. 그래서 창고에 있던 식탁과 의자를 몽땅 꺼내서 야외에 펼쳐 놓았다. 일이 거의 끝날 즈음, 믹이 소리쳤다.

"비어 어클락(Beer o'clock)!"

어? 비어 타임(Beer time)이 아니라 비어 어클락이네? 호주 사람들이 주로 사용하는 표현이거나 믹이 만들어 낸 표현일 것이다. 믹은 항상 일부러 이상한 용어를 사용해서 우리를 헷갈리게 한다. 그러면 베티가 늘 바로잡아 주면서 이렇게 혼낸다.

"실리 맨(Silly man), 앞으로 그런 표현을 쓰려면 설명도 네가 해!"

믹, 베티, 스티브, 은영이, 나 이렇게 다섯이서 바닷가에 앉아 맥주를 홀짝였다. 좋은 날씨에, 좋은 사람들과 함께, 좋은 맛의 맥주를 홀짝이면서 져 가는 해를 보고 있자니 그 행복감에 몸서리가 쳐졌다.

'만약 우리가 지금 포트 헤들랜드에 살고 있다면 이런 행복감이 행복처럼 느껴지지 않는 날이 대부분이겠지? 그래도 어디 한국만 할까? 그런데 생각해 보니까 한국에서도 하려고만 하면 이런 행복감쯤은 충분히 누리고 살 수 있을 것 같은데 왜 그렇게 안 되지?

이날 은영이와 나는 한국에 돌아가면 여유를 갖고 살자고 약속했다. 삶의 방향을 진정 행복감을 느끼는 쪽으로 조율해 보자고 다짐했다. 그러나 지금 우리는 언제 그랬느냐는 듯이 하루하루 바쁘게 살고 있다. 그래서 행복한 것 같기도 하다. 그렇다면 이는 한국인의 숙명일까? '수고하세요'가 인사가 되는 나라의 숙명?

원래 호주 사람들은 맥주를 마실 때 안주를 곁들이지 않는다. 그러나 우리의 음주 습관을 잘 아는 믹과 베티이기에 스티브에게 안줏거리를 부탁했고, 스티브가 달지 않은 과자와 치즈와 후무스(Hummus)라는 소스를 내왔다. 다른 것은 어느 정도 익숙한 맛인데 후무스라는 놈의 정체를 도무지 알 수 없었다. 찐득찐득하고, 밍밍하고, 좁쌀 같은 알갱이가 계속해서 씹혔다. 도대체 무엇으로 만들었을까? 무엇으로 만들었기에 이런 질감이 날까? 그래서 스티브에서 물어보았다.

"스티브, 이게 무엇으로 만든 거예요?"

스티브가 재빠르게 대답했다.

"오스트리치스노츠."

오스트리치스노츠(Ostrichsnots)? 생전 처음 들어 보는 단어였다. 그래서 다시 물었다.

"오스트리치스노츠가 뭐예요?"

그러자 스티브가 새의 날갯짓을 흉내 낸 후, 코를 킁킁거리면서 손을 안 대고 코 푸는 시늉을 해 보였다. 바로 그때였다. 믹이 엄청나게 큰 웃음보를 터뜨리면서 입에 든 맥주를 몽땅 하늘로 뿜었다. 그리고 그것으로 모자랐는지 고개를 바닥에 처박고는 한참을 꺽꺽거렸다. 은영이와 나는 무엇이 그리 웃긴지 몰라서 멍한 표정 반에 미소 띤 표정 반으로 믹을 쳐다보았다. 스티브가 농담을 했다는 사실은 알겠는데 그것이 무엇에 관한 농담인지, 어떤 부분이 어떻게 웃긴 것인지 전혀 감이 오지 않았다. 우리는 스티브의 농담이 웃겨서 웃은 것이 아니라 믹의 모습이 웃겨서 웃었고, 이야기 주제가 자연스럽게 무엇을 뿜은 경험담으로 전환되었다. 그 바람에 우리는 후무스를 이렇게 이해하고 넘어갔다.

호주에는 오스트리치스노츠라는 새가 살고 있다. 오스트리치스노츠의 울음소리는 사람의 코 푸는 소리와 같다. 후무스란, 오스트리치스노츠의 알이나 고기로 만든 소스다.

우리가 이런 식으로 유추한 이유는 바로 전에 래핑 쿠카부라(Laughing Kookaburra)에 대해 이야기를 나누었기 때문이다. 래핑 쿠카부라는 베티가 가장 좋아하는 새로서 울음소리가 사람의 웃음소리와 똑같다. 래핑 쿠카부라 직후에 오스트리치스노츠가 나오는 바람에

'호주에는 사람 웃음소리 같은 새도 있고, 사람 코 푸는 소리 같은 새도 있고 그렇구나. 신기한 새가 참 많네.'

하고 넘어갈 수 있었던 것이다. 이쯤에서 이야기를 잠시 사흘 후로 가

져가야겠다. 베티의 생일파티 이야기다. 그 자리에서 믹과 베티가 오스트리치스노츠에 대해 신나게 떠들었고, 모인 사람이 몽땅 웃고 넘어갔다.

'이상하네, 뭐가 그렇게 웃기지?'

은영이와 나는 여전히 어떤 부분이 웃긴지 감을 잡지 못하고 있었다. 그래서 나는 옆에 앉은 제니(Jenny)에게 가만히 물어보았다. 제니는 베티의 여동생이다.

"제니, 오스트리치스노츠가 뭐예요?"

그러자 제니도 스티브가 했던 것처럼 새의 날갯짓을 흰 후, 코 푸는 시늉을 했다. 제니의 이런 행동에 사람들이 모두 제니와 내게 집중하게 되었고, 조용해졌고, 분위기가 점점 고조되어 감을 느꼈다. 정말로 이상했다. 제니가 농담하는 것 같지는 않은데, 분위기는 농담하고 있다고 말하고 있었다. 나는 명석한 두뇌를 총동원해서 이렇게 결론을 내렸다.

호주에 사는 보편적인 새인 오스트리치스노츠는 울음소리가 정말로 사람의 코 푸는 소리와 같다. 호주 사람들은 그 새의 울음소리를 상상하는 것만으로도 웃는다.

굳이 '보편적인 새'라고 언급해 둔 이유는 믹, 베티, 스티브, 제니 등이 모두 알고 있는 새이기 때문이다. 우리의 참새나 제비 같은 것 말이다. 그런데 결론을 내리고도 무엇인가 찜찜했다. 아무래도 헛다리를 짚은 것 같았다. 그래서 나는 제니에게 묻고, 또 묻고, 또 물어서 결국 오스트리치스노츠의 정체를 알아냈다. 그리고 하도 어이가 없어서 뒤로 나자빠질 뻔했고 와하하, 와하하 웃음보를 터뜨렸다. 이런 내 모습에 생일파티는

그야말로 웃음의 도가니가 되었다. 오스트리치스노츠는 어이없게도 이
것이었다.

오스트리치(Ostrich)의 스노츠(Snots). 오스트리치는 타조를 뜻하고, 스
노츠는 콧물의 복수형이다. 즉 타조의 콧물이다.

내가 요트클럽에서 후무스를 보고 무엇으로 만들었느냐고 물었을 때,
스티브는 타조의 콧물이라는 개연성이 충분한 농담을 했고, 후무스의 맛
이 실제로 콧물처럼 찐득찐득하고 밍밍하고 걸쭉해서 믹이 맥주를 뿜으
며 웃었고, 은영이와 나는 그 농담을 사흘이 지나서야 이해하고 웃은 것
이다. 지금 이렇게 간단하게 적어서 그렇지 실제로는 제니에게 물어 가
면서 한 꺼풀 한 꺼풀 깨쳐 가는 과정이 꽤 길었다. 그래서 각 단계마다
좌중에 큰 웃음이 있었다. 우리는 다른 이들의 웃는 모습이 웃겨서 웃었
고, 다른 이들은 우리의 이해하지 못하는 표정이 웃겨서 웃었고, 그렇게
서로가 서로의 웃음에 촉매 역할을 해 주었다. 이 글을 적고 있는 지금도
웃기다. 맥주를 뿜던 믹의 모습도, 생일파티에서 다들 넘어가던 광경도
모두 눈에 선하다.

포트 헤들랜드 요트클럽 3,
바비큐 파티(Barbecue party)

이야기를 다시 요트클럽으로 돌리자. 다섯이서 맥주를 한잔하는 동안 주디가 퇴근해서 돌아왔다. 주디는 시내에 있는 철광석 회사에 다녔다. 주디까지 여섯이서 맥주를 홀짝이며 계속 이야기꽃을 피웠다. 해가 이제 얼마 남지 않았다. 마침 대형 화물선 한 척이 항구로 들어오고 있었다. 아마 텅텅 비어 있을 것이고, 며칠 내로 철광석이나 소금을 가득 실어서 나갈 것이다. 화물선 뒤로 해가 졌다. 하늘은 붉고, 배는 새까맸다. 해가 완전히 사라지고 난 후 본격적으로 바비큐 파티 준비를 시작했다.

　준비 중에 잠시 짬을 내서 스티브가 요트클럽 부속 교육장을 구경시켜주었다. 안에 들어서자 제복을 갖추어 입은 보이스카우트(Boy scout) 한 명, 걸스카우트(Girl scout) 한 명이 나와서 깍듯하게 인사했다. 실습 겸 근무 중이라고 했다. 하루에 2시간씩 이렇게 보이스카우트 한 명, 걸스카우트 한 명이 와서 시설을 관리하고, 바다를 감시한다고 했다. 보이스카우트, 걸스카우트가 사무실 안으로 들어갔다. 우리는 스티브의 안내에 따라 교육장 여기저기를 둘러보았다. 여러 종류의 배가 바다로 나갈 날을 기다리고 있었다. 스티브가 각 배에 대해 짧게 설명해 주었다. 연안 지도 앞에서는 연안의 구조와 배 운전법에 대해 짧게 설명해 주었다. 강단 위에 올라가서는 짧게 강의도 진행했다. 그런데 강의하는 모습이 너무 웃겨서 물었다.

"강의를 진짜로 그렇게 하세요?"

"당연하지."

스티브는 항상 즐겁고 수다스럽다. 상대방을 정신없게 하고, 웃게 만드는 힘이 있다. 스티브는 요트클럽을 관리만 하는 사람이 아니라 배 운전 강사도 겸하고 있다. 정확한 명칭이 따로 있던데 제대로 못 알아들었다. 여하튼 가르치고, 자격증을 주는 일이었다.

교육장을 나섰다. 스티브가 건물 옆에 있는 조그만 배를 가리키며 말했다.

"저건 내 배야."

그런데 정작 우리를 놀라게 한 것은 스티브의 배가 아니라 그 앞에 연결되어 있는 차였다.

"저 차도 스티브 거예요?"

"응."

"그래요? 자동차가 또 있다고요?"

"4대인데?"

4대? 스티브가 설명해 준 4대는 이랬다.

스티브 개인용 1대
주디 개인용 1대
살고 있는 트레일러용 1대
배 운반용 1대

이 중에 배 운반용은 폐차시키는 깃보다 갖고 있는 것이 더 싸게 먹혀서 갖고 있다고 했다. 정말이지 호주는 과연 어떤 나라일까? 이 안에 살면 세상을 도대체 어떤 식으로 바라보게 되는 것일까?

드디어 바비큐 파티가 시작되었다. 스티브가 고기와 채소를 굽고, 우리가 거들었다. 베티와 주디는 부엌에서 다른 음식들을 준비했다. 믹은 여기저기 왔다 갔다 하면서 정리할 것을 정리하고, 거들 것이 있으면 거들었다. 이날 우리는 소고기, 양고기, 소시지를 구워 먹었고, 여기에 직접 만든 콜슬로(Coleslaw)와 감자 요리를 곁들였다. 즐거운 파티였다. 파티 중에 믹이 몇 년 전에 경상남도 남해를 여행할 때 들른 사촌해수욕장 이야기를 꺼냈다. 우리는 그곳에 한여름에 갔고, 2박 3일을 머물렀고, 믹과 베티는 주로 벤치에 앉아서 바다를 구경했고, 해수욕장 너머 바다로 엄청나게 큰 배들이 쉴 새 없이 오갔다. 참고로 이 바다는 광양만이다. 믹이 물었다.

"그때 우리가 본 배들이 아주 컸는데, 아마 여기서 출발한 배도 있겠지?"

순간 정신이 번쩍 들었다. 생각해 보니 진짜로 그런 것이 아닌가! 포트 헤들랜드에서 철광석을 실었다면 그중에는 분명히 광양제철소로 가는 배가 있었을 것이고, 사촌해수욕장 앞을 오가는 배 가운데 대형 선박은 대부분 만 안쪽에 있는 산업단지와 관련이 있을 것이고, 그곳에 광양제철소가 있다. 나는 흥분된 어조로 대답했다.

"맞아요! 안쪽에 큰 제철소가 있어요!"

그러자 주디가 특유의 무신경한 어투로 말했다.

"뭐라더라, 관냥? 포항?"

주디의 이 말에 은영이도, 나도 머리털이 쭈뼛 서는 경험을 했다. 주디의 입에서 한국어가 나오다니! 그 어떤 잘 만들어진 공포 영화일지라도 이때만큼 우리를 섬뜩하게 만들지는 못했을 것이다. 주디가 말을 이어갔다.

"포항은 수심이 얕아서 17m에서 18m만 실어야 하고, 관냥은 20m 넘게 실어도 돼."

아니, 이런 구체적인 언급까지 나오다니. 세상은 정말로 좁다. 생각보다 엄청 좁다.

"그리고 한국 배는 대부분 꽃 이름을 가졌어."

그런가? 신통했다. 주디가 무슨 마법이라도 부리는 것 같았다. 주디의 말이 끝난 후, 내가 받아서 설명해 주었다.

"광양과 포항은 모두 포스코라는 한 철강회사 소속이에요. 한 회사가 제철소를 2군데 갖고 있는 것이죠."

정말 놀라운 경험이었다.

　식사를 마쳤다. 후식이 나왔다. 크림 케이크(Cream cake), 초콜릿, 커피였다. 은영이와 나는 어느 것 할 것 없이 모두 조금씩 맛보았다. 다 맛있었다. 은영이가 특히 커피 맛에 반해 버렸다. 그래서 한국에 오자마자 커피 머신부터 한 대 샀다. 캐러반파크로 돌아오니 저녁 9시 반이었다. 믹과 베티는 새벽에 출근해야 한다. 모르기는 몰라도 우리 때문에 엄청 피곤했을 것이다. 고맙습니다, 믹, 베티.

포트 헤들랜드 요트클럽 4,
배를 타고 항구를 돌아보다

하루는 믹이 일을 마치고 돌아오자마자 포트 헤들랜드 요트클럽으로 가자고 했다. 월요일도 아니고, 수요일도 아닌데 왜 갑자기 가자고 할까?

"스티브가 배를 태워 준다고 했어."

"우아!"

우리는 얼른 차에 올라탔다. 베티도 탔다. 그런데 믹이 향하는 곳이 요트클럽이 아니라 포트 헤들랜드 중심가였다. 왜 요트클럽으로 가지 않느냐고 물으려다가 참았다. 곧 알 텐데 괜히 성가시게만 할 것이다.

캡틴 버트 매디건 공원(Captain Bert Madigan Park)에 도착했다. 중심가에서 조금 떨어진 해안가 공원이다. 스티브가 이미 배를 띄워 놓고 기다리고 있었다. 아하! 스티브는 우리를 태우고 항구를 돌아보려 했고, 그래서 일부러 배를 갖고 항구 가까운 곳으로 나온 것이다. 요트클럽에서 시작하면 머니까. 배가 눈에 익었다. 교육장 옆에 세워져 있던 바로 그 조그만 배였다. 스티브가 자기 배라고 했던 그 배. 우리는 인사를 나누고 승선을 시작했다. 조그마해서 쉽게 흔들렸다. 스티브가 시키는 대로 무게를 잘 안배해서 자리에 앉았다. 스크루(Screw)가 돌기 시작했다. 드디어 출항이다. 믹, 베티, 은영이, 나, 스티브의 포트 헤들랜드 항구 뱃놀이가 시작되었다!

바다 쪽에서 바라보았을 때 캡틴 버트 매디건 공원은 포트 헤들랜드 항구의 바다 쪽 끄트머리에 있다. 그래서 뱃놀이는 항구 안쪽으로 끝까지 들이갔다가 돌이 나오는 식으로 진행되었다. 덕분에 포트 헤들랜드 항구의 끝에서 끝까지를 가면서 한 번, 오면서 한 번 그렇게 두 번을 구석구석 살펴볼 수 있었다. 막 항구에 들어섰을 때는 다소 겁을 먹었다. 다른 배에 비하면 우리 배는 그야말로 추풍낙엽 한 장이었기 때문이다. 멀리서든, 가까이서든, 큰, 작든 다른 배가 지나가는 낌새만 챘다 하면 아래위로 심하게 출렁거렸다. 하지만 곧 익숙해졌고, 그리고 나니까 출렁거리는 편이 훨씬 재미있었다. 나중에는

'한 척 더 안 지나가나?'

하고 기다리게까지 되었다.

시야에 들어오는 모든 것이 신기했다. 가장 인상 깊은 것은 배에 철광석이 선적되고 있는 광경이었다. 철광석이 무엇인가, 결국 돌덩어리 내지 쇳덩어리가 아닌가! 그 돌덩어리들을 배에다 쏟아붓는데, 참말로 장관이었다. 쏟아지는 돌덩어리마다에서 인간의 위대함과 대자연의 위대함이 동시에 느껴졌다. 나란히 떠 있는 화물선 2척의 높이가 크게 차이

나는 경우가 있었다. 이는 결국 철광석이 얼마나 실렸느냐의 차이였다. 막 철광석을 싣기 시작한 배는 붕 떠 있고, 거의 다 실은 배는 푹 가라앉아 있었는데 그 차이가 무려 아파트 10개 층은 되어 보였다. 뱃머리에 '화이트 로즈'라고 크게 한글로 적혀 있는 배도 있었다. 우리말로 하면 백장미다. 주디가 말한 대로 우리나라 배는 꽃 이름을 많이 쓰나 보다. 고맙게도 배에서 광채가 났다. 우리나라 배라서 그렇게 보이는 것이 아니라 진짜로 접안해 있는 그 어느 나라의 배보다도 깨끗하게 관리되고 있었다. 이럴 때 가만히 있으면 내가 아니다. 나는

"저 배가 한국 배예요. 저 글자가 한글이에요. 항구에서 제일 깔끔하네요."

하면서 너스레를 떨었다. 이름이 중국어인 배들이 유난히 지저분한 것도 특징이라면 특징이었다. 오가는 배들과 괜히 달리기 시합도 해 보았다. 물론 공식적인 시합은 아니고 우리가 따라 달려 보는 것이었다. 그러다가 갑자기 궁금한 점이 하나 생겼다.

"스티브, 이렇게 항구를 돌려면 허가를 받아야 되나요?"

"아니, 15m만 떨어져 있으면 돼."

호주는 역시 여러모로 편한 나라다. 앞서 'BHP 빌리턴 넬슨 포인트 여행'에서 둘러본 부두 시설도 구경했다. 부두 내부에서도 둘러보고, 이렇게 바다에서도 둘러보았으니 입체적으로 완전히 구경한 셈이 되었다. 역시 규모가 충격적이었다. 멀리서 볼 때는 그러려니 했는데 가까이 다가가서 보니까 실로 엄청났다. 스티브에게 물었다.

"이 항만이 몽땅 BHP예요?"

아니라고 했다. 손가락으로 일일이 가리키며 이쪽은 BHP고, 저쪽은 무슨 회사고, 저쪽은 무슨 회사라고 했는데 까먹었다. 어떤 배에는 철광석이 아니라 하얀 것이 실리고 있었다. 소금임을 단번에 알아챘다. 'BHP 빌리턴 넬슨 포인트 여행' 덕분이다. 바다 한가운데서 큰 공사가 진행 중이기도 했다. 새로운 접안 시설을 만드는 공사였다. 지금까지 구경한 것만 해도 엄청난 규모인데 더 지어야 하다니. 나중에 포트 헤들랜드 중심가에서 이 공사에 관한 안내문을 읽을 수 있었다. 매우 비현실적인 숫자를 이용해서 이만큼을 이만큼으로 만든다고 표시되어 있었다. 무엇이 되었든 간에 철광석과 소금을 더 많이, 더 빨리 실어 내기 위한 시설일 것이다.

항구가 끝났다. 자연이 시작되었다. 스팅레이 강(Stingray River)의 본래 모습이다. 강을 따라 더 올라가보고 싶었지만 스티브가 뱃머리를 돌렸다. 그리고 지금껏 구경한 모든 것을 역순으로 구경하면서 뱃놀이를 이어갔다. 널찍하고 한산한 곳에 접어들자 스티브가 은영이에게 말했다.

"키를 잡아 봐."

은영이가 주저주저했다. 그리고 곧 결단을 내렸다는 듯이 키를 잡으려 했다. 그 주저주저한 몇 초 사이에 그만 내가 불안해져서 한사코 말렸다. 덕분에 믹이 키를 잡게 되었다. 무척 쉬워 보였다. 근처에 다른 배가 지나갈 때면 스티브가 잠시 키를 잡아서 물결을 정면으로 치고 나갈 수 있게 해 주었다. 슬슬 후회가 되기 시작했다.

'괜히 은영이를 말렸나?'

이날 은영이를 말린 일이 지금껏 후회로 남아 있다. 말리지 말았어야 했는데. 나중에 배에서 내릴 때 은영이가 원망이 섞인 어투로 말했다.

"선배 때문에 못 했잖아! 하고 싶었는데."

"미안하다. 그렇게 쉬운 건지 몰랐다."

마음이 무거웠다. 지금도 여전하다. 지금 누가 이렇게 말해 주었으면 좋겠다.

"네가 말린 덕분에 믹이 배를 몰았잖아? 믹에게도 첫 경험이었으니까 정말 잘한 일이야. 너희는 틀림없이 나중에 몰아 볼 기회가 있을 거야."

내 마음의 짐을 제발 누가 좀 덜어 주었으면 좋겠다.

캡틴 버트 매디건 공원에 도착했다. 배를 지상에 올려놓고 다 함께 옆에 있는 BHP 빌리톤 마라피쿠리냐 공원(BHP Billiton Marrapikurinya Park)으로 갔다. 공원의 이름이 다소 이상하고 길고 발음하기 어려운데, 이 속에는 'BHP 빌리턴'이라는 회사가 기부해서 조성한 공원이고, 호주 원주민(Aborigine)이 이 지역을 부르던 이름인 마라피쿠리냐(Marrapikurinya)를 그대로 사용해서 명명한 공원'이라는 좋은 뜻이 담겨 있다. 호주 원주민의 언어는 무척 어렵다. 얼른 눈에 들어오지 않을뿐더러 한 자 한 자 따라 읽기가 여간 껄끄러운 것이 아니다. 그 단어가 그 단어 같아서 금세 까먹기 쉽고, 뜻을 유추하기는 그야말로 하늘의 별 따기다.

우리는 맥주를 마시면서 드나드는 배를 구경했다. 마침 철광석을 가득 실은 대형 화물선 한 척이 조그만 배들의 조정을 받으면서 항구를 빠져나가고 있었다. 믹과 스티브는 이런 광경을 엄청난 볼거리로 여겼다. 한국이라는 산업 국가, 공업 국가에 살고 있는 우리로서는 그다지 큰 볼거리가 못 되는데. 맥주는 각자 마실 것을 따로 아이스박스에 담아 온 것이었다. 호주 사람들은 늘 이렇게 자기가 마실 것을 따로 가져와서 만난다. 참 익숙지 않은 관습이다. 잠시 후 등 뒤에서 귀에 익은 목소리가 들려왔다.

"안녕, 한설. 안녕, 은영."

오, 인생을 달관한 듯한 무신경한 목소리! 그렇다, 주디였다. 주디가 일을 마치고 합류한 것이다. 나는 주디의 음성을 좋아한다. 이상하게 마음을 잡아끄는 마력 같은 것이 있다. 매력 말고 마력이다. 우리는 맥주를 마시면서 계속 이야기꽃을 피우다가 노을이 질 무렵 헤어졌다. 내가 한마디 했다.

"음주운전은요?"

많이 마시지는 않았지만 음주운전이 아닌 사람이 없었다.

"색깔이 다른 물일 뿐이야."

마신 양을 보면 그렇기는 하다. 멋진 날이었다.

베티의 생일파티

아침에 난데없이 코피가 터졌다. 너무 과하게 놀았나 보다. 믹과 베티가 일을 마치고 돌아왔을 때, 나는 스스로를 고자질하듯이 이렇게 말했다.

"아침에 코피가 났대요."

그런데 내 말을 듣고 믹과 베티는 괜찮은지 묻기는커녕 마구 웃었고, 은영이는

'어휴, 저 한심한 인간.'

하는 표정으로 쳐다보았다. Bleeding nose(블리딩 노우즈)라고 해야 하는 것을 그만 Bloody nose(블러디 노우즈)라고 한 것이다. 그래서 코피가 난 것이 아니라 그만 고집불통 코가 되어 버렸다. 믹으로부터 Bloody(블러디)라는 단어를 하도 많이 들어서 그만 내 입에 붙어 버린 것이다. 믹

다음으로 제니가 많이 사용했다. 한 문장에 한 번은 꼭 들어갔다.

운 좋게 우리가 있는 동안 베티의 생일날이 찾아왔다. 저녁에 다들 제니의 캐러반에 모였다. 베티의 생일파티를 위해서였다. 제니는 남편과 함께 사우스 헤들랜드 캐러반파크에 살고 있었다. 사실 믹과 베티를 포트 헤들랜드로 불러들인 것도 제니였다. 살기 괜찮은 곳이라고, 함께 있자고 해서 믹과 베티가 이곳으로 온 것이다.

제니의 캐러반 옆에 조그만 마당이 있었다. 주위 캐러반들과 자잘한 나무 몇 그루가 울타리가 되어 주면서 생겨난 아늑한 공간이었다. 이날 모인 사람은 총 7명이었다. 제니와 킴(Kym), 그리고 제니의 딸 나탈리(Nathalie), 그리고 믹과 베티와 은영이와 나. 여기에 파티 중간에 잠시 다녀간 캐러반 이웃까지 하면 8명이다.

먼저 가볍게 맥주와 와인을 마시며 대화를 나누었다. 시종일관 웃음이 끊이지 않았다. 절정은 단연 앞서 이야기한 우리의 오스트리치스노츠였다. 그 '타조의 콧물' 말이다. 이때 아마 다들 자신이 갖고 있는 최대 크기의 웃음보를 터뜨렸을 것이다. 빈속에 술이 들어가니까 금방 가볍지 않게 되었다. 여자들이 식사를 하자고 했다. 아마 남자들만 있었으면 계속 가볍게, 그러나 결코 가볍지 않게 맥주와 와인을 마셔 댔을 것이다. 식탁 위에 넓적한 치킨 파이(Chicken pie), 물고기 살을 튀긴 피시(Fried fish), KFC 치킨, 여러 가지 채소 등이 올려졌다. 다들 자기가 먹을 만큼 덜어가서 먹었다. 하나같이 맛있었다.

식사를 마쳤다. 후식을 먹으면서 생일 선물 전달식을 가졌다. 다들 베티에게 하나씩 선물을 전달했고, 베티는 그것을 일일이 뜯으며 자랑하고

행복해했다. 우리도 은제 목걸이와 선불카드와 정성스럽게 쓴 편지를 선물했다. 사러 갈 방법이 없어서 고민하다가 결국 나탈리에게 부탁해서 장만한 것이다. 우리의 부탁 때문에 나탈리가 시내에 간 것은 아니다. 시내에 나간다고 해서 부탁을 했을 뿐이다. 우리가 그렇게 염치없는 놈은 아니다.

밤늦게까지 그렇게 웃고 떠들다가 돌아와서 커피 한 잔과 함께 하루를 마무리했다.

레드뱅크 다리 전망대
(Redbank Bridge Lookout)

생일파티 다음 날, 베티가 일하러 나가는 길에 우리를 깨웠다. 새벽 5
시 45분이었다. 7시에 킴이 데리러 오기로 되어 있었다. 킴은 앞서 말한
제니의 남편이자, 나탈리의 아버지다. 일어나야 하는데 몸이 말을 듣지
않았다. 생일파티에서 마신 술 때문이었다. 계산해 보니까 30분은 더 잘
수 있을 것 같았다. 우리는 합의를 보고 다시 누웠다.

30분 후에 깼다. 거우 몸을 일으킬 수 있었다. 음주가 버겁게 느껴졌다.
사실 포트 헤들랜드에 도착한 날부터 하루하루 몸이 무거워지고 있었다.
왜일까? 곰곰이 생각해 보니 대충 다음과 같은 원인을 꼽을 수 있을 것 같
았다.

(ㄱ) 며칠째 저녁을 너무 많이 먹어서

(ㄴ) 낮에는 뜨겁고, 밤에는 싸늘해서

(ㄷ) 물에 든 철광석 성분이 몸에 맞지 않아서

(ㄹ) 화장실이 멀어서

(ㅁ) 매일 마시는 맥주 때문에

이 중에 과연 어느 것이 가장 크게 작용하고 있을까? 내 몸이니까 내가 가장 잘 알 것이다. 정답은 (ㅁ)이다. 평소 거의 마시지 않는 술을 포트 헤들랜드에서는 매일 서너 캔씩 마시고 있었다. 아침에 일어날 때는 고개를 절레절레 흔들며

'오늘은 정말로 맥주를 마시지 말아야지. 너무 힘들다.'

하면서도 오후가 되면 어느새 맥주를 홀짝이고 있는 나 자신을 발견할 수 있었다. 어울리다 보면 어쩔 수 없었다. 베티가 한 번씩 이런 말을 했다.

"저놈의 맥주 때문에 남자들이 다 바보가 된다. 배가 나오고, 머리가 비고."

맞는 말이었다. 매일 마시는 맥주는 일상을 피폐하게 만들었고, 일상적인 것들을 비일상적으로, 비일상적인 것들을 일상적으로 느끼게 했다. 그런데 알면서도 신기하게 자꾸 당기는 것이 문제였다.

7시에 킴이 데리러 오는 이유는 기차였다. 전날 생일파티에서 포트 헤들랜드와 내륙 광산을 잇는 엄청나게 긴 기차 이야기가 나왔고, 킴이 하는 일이 철도와 관련된 일이었고, 그래서 기차에 대해 잘 알고 있어서 이렇게 설명해 주었다.

"기차는 보통 하루에 두 번 다녀. 아침 일찍 한 번, 저녁 늦게 한 번. 저녁은 어두워서 잘 안 보이니까, 아침에 구경하러 가자. 레드뱅크 다리 (Redbank Bridge) 위에 올라가면 잘 보여."

실제로 레드뱅크 다리는 레드뱅크 다리 전망대(Redbank Bridge Lookout)라는 거창한 이름까지 붙어 있는 명소다. 포트 헤들랜드 여행 자료에서 빠진 적이 없다. 레드뱅크 다리 전망대는 오직 이 긴 기차와 기찻길을 구경하기 위한 전망대이다. 정각 7시에 킴이 왔다. 나탈리도 함께였다. 킴의 차는 픽업트럭(Pickup truck)이라고 하는 소형 화물차였다. 우리는 반갑게 인사를 하고 킴의 차에 올라탔다.

캐러반파크를 나섰다. 포트 헤들랜드 쪽으로 달려가다가 레드뱅크 다리 직전에 우회전해서 주차장 겸 바비큐 파티장으로 들어갔다. 호주에서는 바비큐 파티장이라고 하면 바비큐 시설은 물론이고 가스까지 무상으로 제공되는 곳이다. 그래서 이용하는 사람은 불판을 닦을 도구와 고기만 들고 가면 된다. 우리가 주차장 겸 바비큐 파티장으로 들어간 이유는 주차 때문이었다. 다리 위에는 잠시 정차할 자리도 없었다.

차에서 내렸다. 다리 위로 올라갔다. 전망대라고 해서 무슨 거창한 시설이 있는 것이 아니라 그늘을 드리워 주는 지붕과 길고 딱딱한 의자가 있을 뿐이었다. 딛고 올라설 만한 것도 없었다. 그래도 전망대는 전망대인 것이, 사방으로 저 먼 곳까지 평평하다 보니 어느 정도 탁 트인 풍경을 감상할 수 있었다. 기찻길을 넘기 위한 다리밖에 안 되는데도 그랬다.

자리를 잡고 앉았다. 네 사람이 앉기에 충분하고 또 아늑했다. 이제 기차가 지나가기만 하면 된다. 우리는 기차를 기다리고, 기다리고, 기다렸다. 그러나 나타나지 않았다. 다시 기다리고, 기다리고, 기다렸다. 그래도 나타나지 않았다. 2시간이 지났다. 2시간 동안 우리는 이야기를 나누고 외우고, 주변 풍경을 구경하고 외웠다. 지금 돌이켜 보면 전망대의 지붕과 의자가 우리를 살렸다. 기차 대신 애꿎은 로드 트레인만 실컷 구경했다. 가까운 곳에 소금 야적장이 있어서 와서 싣고 가고, 다시 와서 싣고 가고, 다시 와서 싣고 갔는데, 어찌나 뱅글뱅글 돌던지 내가 직접 기찻길을 놓아 주고 싶은 심정이었다. 다시 30분이 지났다. 도저히 안 되겠던지 킴이 말했다.

"포기하자. 오늘은 기차가 안 다니는 모양이다."

우리는 허탈하되 홀가분한 마음으로 다리를 떠났다. 주차장 겸 바비큐 파티장에 들어섰다. 막 차에 오르려는데, 바로 옆에 새하얀 소금밭이 펼쳐져 있었다. 일부러 조성한 것은 아니고 바닷물이 스스로 들어왔다 나갔다 하면서 형성된 소금밭이었다. 용기를 내서 킴에서 부탁했다.

"저기 잠깐 들렀다 가면 안 될까요?"

꼭 한번 만져 보고 싶던 소금밭이다. 하루에도 몇 번씩 스치고 다녔지만 차를 세워 달라기에 무엇해서 계속 참았다. 이번에는 기왕에 세운 것이고, 바로 코앞이고 해서 어렵게나마 부탁할 수 있었다.

"그러자."

우리는 모두 소금밭으로 갔다. 새하얀 소금이 오목한 땅을 가득 메우고 있었다.

'진짜 소금일까?'

호기심이 발동했다. 한 조각을 떼서 혀끝에 대어 보았다. 등 뒤에서 킴이 다급하게 소리쳤다.

"먹으면 안 돼! 여기 소금에는 독이 있어!"

이미 먹으면 안 된다는 생각은 하고 있었다. 독이 들었는지 어떤지는 모르겠지만 구석구석 끼어 있는 먼지만으로도 치사량은 넘을 것 같았다. 혀끝을 통해 짠맛이 전해왔다. 진짜 소금이었다. 이 짠맛이 목구멍으로 넘어가지 않도록 계속해서 침을 뱉었다. 바로 그때였다. 기차 소리가 들려왔다. 아, 이 얼마나 듣고 싶던 소리인가! 포트 헤들랜드 항구 쪽이었다. 그렇다면 철광석을 싣기 위해 내륙으로 들어가는 기차다. 나를 포함해서 다들 흥분을 감추지 못했다. 우리는 각자 기찻길이 가장 잘 보이는 위치에 서서 기차가 지나가기를 기다렸다. 그런데 기차가 아직 저 멀리 있었다. 속력도 빠르지 않았다. 그렇다면? 나는 만사를 제쳐 두고 레드뱅크 다리를 향해 달리기 시작했다. 간다, 온다는 말도 없이 오로지 앞만 보고 달렸다. 대략 200m 정도 되는 거리를 순식간에 주파했다. 숨도 차지 않았다. 그럴 만한 정신이 없었다.

아쉽게도 반 이상이 다리 밑을 통과한 뒤였다. 그렇다고 볼거리가 모자라는 것은 아니었다. 어쩌나 긴지 머리가 이미 수평선 가까이 닿아 있는데도 꼬리는 아직 도착할 기미가 보이지 않았다. 낯설도록 평평한 땅에, 낯설도록 긴 기차가, 낯설도록 곧은 철도 위를 달리는 모습은 그대로 한 편의 대서사시가 되었다. 대자연은 대자연대로 아름다웠고, 적응하기 위해 노력하는 인간은 인간대로 아름다웠다. 잠시 후 킴, 나탈리, 은영이가 다리 위에 도착했다. 우리 넷은 함께 아직 끝나지 않은 기차의 향연을 즐겼다. 이윽고 꼬리가 다리 밑을 통과했다. 잠시 후 꼬리마저 지평선 가까이 가 버렸다.

다리를 떠나 주차장으로 돌아갔다. 한쪽에 안내판이 서 있었다. 지금 껏 눈길 한 번을 안 주었는데 기차를 보고 났더니 마음이 느긋해졌는지 읽고 싶은 마음이 생겼다. 안내판은 주차장이나 바비큐 파티장이 아니라 기차에 관한 것이었다.

기차의 길이는 3.75km다. 철도는 오로지 철광석 운반을 위해 놓였다. 남쪽으로 426km를 가면 뉴먼(Newman)이 있고, 동쪽으로 210km를 가면 야리에(Yarie)에 있다. 눈앞에 보이는 철도는 이 두 곳과 연결되어 있다.

기차의 길이가 3.75km? 375m가 아니고? 정말로 입이 떡 벌어질 일이다.

차에 올랐다. 그런데 아뿔싸, 시동이 걸리지 않았다. 차야 어떻게든 수리하면 되겠지만 이 뙤약볕에 캐러반파크까지 걸어가야 한다고? 아니면 누가 데리러 올 때까지 기다려야 한다고? 날씨를 보건대 그것은 과장 하나 없이 목숨을 거는 행위였다. 다행히 킴이

"자주 있는 일이야. 걱정하지 마."

하면서 차에서 내렸다. 그리고 보닛(Bonnet)을 열었다. 나탈리는 차 안에 그냥 앉아 있고, 은영이와 나는 따라 내려서 옆에 섰다. 혹시 도움이 필요할지 모르니까. 킴이 한 부속품을 꺼내더니 구석구석 털고, 후후 불기 시작했다.

"개미들이 가끔 이 안에 들어가거든. 그래서 시동이 안 걸리는 거야."

믿음이 가지 않았다. 아무래도 안 보는 사이에 보험사에 연락해 놓고

놀리는 것 같았다. 어떻게 믿을 수 있겠는가, 개미 때문에 시동이 안 걸린다는 말을. 게다가 손으로 탈탈 털고, 입으로 후후 불면 해결된다고? 이러는 사이에 웬 자동차 한 대가 주차장으로 들어왔다. 불현듯 떠오르는 나쁜 생각,

'혹시 강도?'

우리 바로 옆에 섰다. 긴장이 최고조에 달했다. 한 남자가 내렸다. 차 안을 보니 1명이 전부였다. 우선 안심했다. 아무리 총을 가졌다 해도 우리는 넷이니까. 남자가 킴에게 물었다.

"도와줄까요? 무슨 문제가 있어요?"

장삿속이 아니라 진심으로 도와주고 싶은 것 같았다. 우리나라에서는 상상하기 어려운 일이다. 그러나 아웃백(Outback)에서는 자주 있는 일이다. 경험상 이런 사소한 일 하나에도 목숨이 달려 있는 곳이 아웃백이다. 킴이 웃으며 대답했다.

"괜찮아요. 개미 때문이에요. 많이 경험했어요."

남자는 알겠다고, 좋은 하루를 보내라고 하고 떠났다.

'진짜로 개미인가?'

이제는 믿을 수밖에 없다. 개미를 모두 털어 냈는지 보닛을 닫고 운전석에 앉았다. 시동을 걸었다. 거짓말처럼 걸렸다. 미치겠네. 여하튼 다행이었다. 그렇게 유유히 캐러반파크로 돌아갔다. 이쯤에서 의문이 하나 생긴다. 우리나라에도 개미는 많은데 왜 이런 일이 안 일어날까?

3
카라타(Karratha)

오후 2시, 기차가 출발했다. 그리고 다음
날 오전 10시 반에 앨리스스프링스에 도
착할 때까지 꼬박 19시간 반을 달렸다.
우리는 그동안 앉아서 자고, 접어서 자
고, 구겨서 자고, 기대서 자고, 바닥에서
자고, 다시 접어서 자기를 반복했다. 한
마디로 어떻게든 견뎌 낸 시간이었다.

아웃백을 떠돌던 추억 1,
19시간의 기차 여행
(아들레이드에서 앨리스스프링스)

포트 헤들랜드에 있는 동안 우리는 카라타(Karratha)로 1박 2일 여행을 떠났다. 포트 헤들랜드에서 카라타까지는 약 250km이다. 우리에게 250km라면 무척 먼 거리이고, 하루 만에 다녀오는 것이 거의 불가능한 길이지만 포트 헤들랜드 사람들에게는 쉽게 갈 수 있는 거리이고, 얼마 떨어지지 않은 동네쯤으로 여겨지는 길이다. 일례로 스티브와 주디는 개 털을 깎이기 위해 주기적으로 카라타에 간다. 우리로서는 도저히 이해할 수 없는 일이다. 어떻게 개털을 깎으려고 왕복 500km 길을 나설 수 있을까? 우리 같으면 다른 갈 일이 있을 때 데리고 가거나 죽는 날까지 한 번도 깎이지 않을 것이다. 사실 이렇게 왕복 500km가 가능한 이유가 특별히 있다. 대부분의 땅이 황무지로 이루어져 있기 때문이다. 그래서 도로

들이 쭉쭉 곧고, 교차로가 거의 없다. 실제로 포트 헤들랜드에서 카라타까지 250km를 달리는 동안 5번도 꺾지 않았다. 좌회전, 우회전만 쳐서 그런 것이 아니라 30도, 45도로 꺾는 길까지 쳐서 그랬다.

아침 일찍 일어나서 채비를 갖추었다. 그리고 캐러반파크를 떠났다. 250km라면 지루할 법도 한데 넷이 함께 있다 보니 웃고, 떠들고, 묻고, 답하고, 혼내고, 혼나고, 먹다 보니 그럴 틈이 없었다. 혼내는 쪽은 물론 베티와 은영이었고, 혼나는 쪽은 당연히 믹과 나였다. 250km 동안 교통사고 현장 1건, 차에 치어 죽은 캥거루(Kangaroo) 2마리, 사체를 뜯어 먹고 있는 까마귀 20여 마리를 목격했다. 그 외는 아무것도 없었다. 달리는 동안 너무나 아무것도 없어서 믹에게 물었다.

"믹, 필바라(Pilbara)가 무슨 뜻이에요?"

혹시 필바라에 '아무것도 없다'는 뜻이 담겨 있지 않을까 하는 마음에서였다. 참고로 필바라는 웨스턴오스트레일리아의 북쪽 지역을 일컫는 말이다. 우리가 영서 지방, 영동 지방, 영남 지방, 호서 지방, 호남 지방 하듯이 필바라 지방이다. 믹이 사뭇 진지하게 대답했다.

"아무리 가도 아무것도 없다는 뜻이야."

"아하!"

역시 그랬다. 그래서 나는 'Pilbara(필바라)'를 '공허함'이나 '텅 빔'을 뜻하는 호주 원주민의 말쯤으로 여겼다. 그런데 뒤에 앉아 있던 베티가 믹의 뒤통수를 팍 때렸다. 쓸데없는 농담으로 사람을 헷갈리게 하지 말라는 뜻이었다.

'이런, 또 속았구나.'

믹은 이런 식으로 잘 놀린다. 나중에 필바라의 어원을 한번 찾아보았다. 호주 원주민의 말 중에 '깡마른'을 뜻하는 'Bilybara'가 있고, 역시 호주 원주민의 말 중에 이쪽 지역에 사는 물고기인 'Pilbarra'가 있었다. 나는 후자에 한 표를 건다. 필바라 지방의 중심 도시는 카라타이다. 카라타에서 수백 km 내에 있는 사람들은 "엄마, 시내에서 조금 놀다 올게." 내지 "여보, 읍내에 잠시 다녀올게." 하고 카라타에 가는 셈이다. 이에 대한 멋진 예가 바로 개털을 깎이기 위해 가는 카라타와 우리가 카라타에 간다니까 제니가 KFC에 들러서 치킨을 사 오라고 부탁한 일이다. 카라타는 '좋은 지역(Good Country)' 또는 '부드러운 땅(Soft Earth)'을 뜻하는 호주 원주민의 말이다.

하염없이 아웃백을 달리고 있자니 옛 생각이 참 많이 났다.

때는 바야흐로 1997년 봄이다. 그때 우리는 철이 없었고, 겁이 없었고, 그래서 무서울 것이 없었다. 당시 우리는 아들레이드(Adelaide)에서 6개월을 머물고 있었다. 한국을 떠나 아들레이드로 들어가는 길에 믹과 베티를 만났고, 그것이 인연이 되어 아들레이드에서 6개월을 머물게 된 것이다. 그러다가 아들레이드를 떠나기로 작심했다. 넓은 호주 땅이 궁금했기 때문이다. 그래서 목적지도 시드니(Sydney)나 멜버른(Melbourne)이나 브리즈번(Brisbane)이 아닌 다윈(Darwin)으로 잡았다. 다윈은 호주의 북쪽 끝 중앙에 있는 도시이며, 노던 테리토리(Northern Territory)의 중심이다. 아들레이드를 떠나서 다윈으로 간다는 말은 호주를 동서로 양분한다는 뜻이었다. 즉 중앙선을 따라 남쪽 끝에서 북쪽 끝으로 가로지른다는 뜻이다. 멋지지 않은가? 그래서 다른 곳이 아닌 다윈이었다.

우선 기차표를 끊었다. 기차 이름은 간(The Ghan)이었다. 간은 아들레이드와 앨리스스프링스(Alice Springs)를 잇는 기차이고, 앨리스스프링스는 호주의 정중앙에 있는 도시이다. 거짓말처럼 정중앙에 자리 잡고 있다. 지금이야 다윈까지 철도가 뚫렸지만 당시에는 앨리스스프링스에서 철도가 끝났다. 그래서 앨리스스프링스에서 내려서 버스로 갈아타야 했다. 갈아타는 김에 앨리스스프링스와 그 주변을 돌아볼 생각도 가졌다. 구체적인 계획은 없었다. 그저 괜찮으면 머물고, 안 괜찮으면 바로 떠나는 정도로만 생각하고 있었다. 시간이 무한정이던 그때가 그립다. 지금은 이런 식으로 무작정 떠나는 것이 불가능하다. 회사로부터 해방될 때까지는 불가능할 것 같다. 참고로 다윈까지 철도가 뚫린 것은 2004년 초이다.

1997년 5월 15일 아침, 출근하는 베티와 작별인사를 나누었다. 믹은 새벽에 나가는 바람에 만나지 못했다. 대신 점심시간에 돌아와서 우리를 기차역으로 데려다 주었다. 기차역에서 헤어질 때 은영이도, 나도 엄청 울었다.

'과연 다시 만날 수 있을까?'

하는 마음 때문이었다. 당시도 그렇고, 지금도 그렇고 믹과 베티는 우리에게 부모님이다. 우리가 호주에 첫발을 디디던 그 순간부터 단 하루도 빠짐없이 인연이 닿아 있다. 돌이켜 생각해 보면 우리 인생의 은인이라고도 할 수 있다. 의식주를 제외한 부가적인 능력 내지 기쁨은 모두 그 뿌리가 호주에 가 닿아 있다.

믹이 돌아갔다. 기차에 올랐다. 좌석에 앉았다. 그때서야 떠난다는 사실이, 세상에 우리 둘만 남았다는 사실이 현실적으로 다가왔다. 둘 다 말이 없었다. 긴장했기 때문이다. 호주만 해도 아직 낯선 세상이건만 그 호주 내에서도 완전히 딴 나라로 통하는 노던 테리토리로 가는 길이었다. 황무지가 대부분인데다 도시 같지 않은 도시들이 수백 km씩 뚝뚝 떨어져서 존재하는 땅. 모르기는 몰라도 아마 삶의 방식이 완전히 다를 것이다.

'과연 어떤 세상이 기다리고 있을까?'

슬슬 걱정이 되었다. 막연함, 불확실함, 두려움 등이 우리의 의식을 지배하기 시작했다.

오후 2시, 기차가 출발했다. 그리고 다음 날 오전 10시 반에 앨리스스프링스에 도착할 때까지 꼬박 19시간 반을 달렸다. 우리는 그동안 앉아서 자고, 접어서 자고, 구겨서 자고, 기대서 자고, 바닥에서 자고, 다시 접어서 자기를 반복했다. 한마디로 어떻게든 견뎌 낸 시간이었다. 좌석에 앉은 채 왼편으로 해가 지는 것을 보았고, 같은 좌석에 같은 자세로 앉은 채 그 해가 다시 오른편으로 떠오르는 것을 보았다. 같은 해가 우리 발아래를 빙그르르 돌아서 다시 나타난 것이다. 차창 밖은 온통 황량하고 평평했다. 간간히 모습을 드러내는 곡선들이 반가웠고, 인간의 흔적들에 일말 위안을 느꼈다. 이런 우리에게 앨리스스프링스는 따뜻한 엄마의 품과 같은 곳이었다.

앨리스스프링스에 완전히 도착했다. 기차에서 내렸다. 역사를 나섰다. 역 주변과 중심가를 돌아보았다. 앨리스스프링스는 우리가 상상한 것 이상으로 작았다. 아웃백에서는 지도에 표시된 동그라미의 크기로 도시의 규모를 판단해서는 안 됨을 깨달았다. 지도에 표시된 대로 하면 앨리스스프링스는 아들레이드의 절반 규모여야 했다. 그러나 앨리스스프링스는 토드 몰(Todd Mall)이라는 중심가가 전부였고, 그 중심가는 우리의 성에 반의반도 차지 않았다. 토드 몰을 제외한 모든 앨리스스프링스는 차를 갖고 다니는 사람들만의 앨리스스프링스였고, 호주 원주민만을 위한 앨리스스프링스였다. 달리 표현해서 토드 몰을 제외한 모든 앨리스스프링스는 우리에게 목숨을 걸어야 하는 땅이었다. 다행히 역 근처에 숙박 입소가 여러 곳 있었다. 그중에 토디스 백패커스(Toddy's Backpackers)에다 여장을 풀었다.

어떻게 해야 할까? 앨리스스프링스에서 머물까, 아니면 바로 떠날까? 앨리스스프링스는 세계 각지로부터 몰려든 여행객으로 항상 들떠 있는 도시, 그만큼 편의 시설이 잘 갖추어진 도시, 그래서 사람들의 성정이 온화하고 친절한 도시가 아니었다. 우리가 아웃백을 너무 몰랐던 것이다. 결론을 내렸다. 가능한 한 빨리 앨리스스프링스를 떠나자! 유명한 관광지인 에어즈 록(Ayers Rock)이 눈에 밟혔지만 하는 수 없었다. 특히 은영이가 조급증을 냈다. 지금 생각하면 그때 내가 에어즈 록에 조금 더 욕심을 냈어야 했나 싶기는 하지만, 인생은 모른다. 그때 그 조금의 욕심 때문에 지금 은영이가 내 옆에 없을 수도 있다.

아웃백을 떠돌던 추억 2,
18시간의 버스 여행
(앨리스스프링스에서 다윈)

바로 다음 날, 우리는 다윈으로 가는 버스에 올랐다. 오후 2시 반 차였다. 다윈까지는 18시간이 걸렸다. 그 18시간 동안 우리는 기차에서 했던 것처럼 앉아서 자고, 접어서 자고, 구겨서 자고, 기대서 자고, 바닥에서 자고, 다시 접어서 잤다. 이번에도 역시 해가 왼편으로 져서 오른편으로 떠올랐다. 기차가 버스로 바뀌었을 뿐 모든 것이 똑같았다.

버스가 설 때마다 내려서 바람을 쐬었다. 앨리스스프링스와는 다른 분위기였다. 대부분 조그만 마을이었고, 그렇게 남루해 보일 수 없었고, 눈에 띄는 사람 대부분이 호주 원주민인 것도 무척 인상적이었다. 그들은 하나같이 깊이를 알 수 없는 시선으로 이방인인 나를 쳐다보았다. 그 눈빛에서 마음이 전혀 읽히지 않았다. 몰라서 막연했고, 막연해서 겁이 났다. 그렇다고 내가 호주 원주민에 대해 편견을 가지고 있다고 생각하지는 않는다. 그저 우리에게 익숙한 호주가 서양인의 호주다 보니 원주민만의 호주가 낯설게 다가왔고, 그래서 겁이 났을 뿐이다. 동일한 나라라고 할 수 없을 만큼 서양인의 호주와 원주민의 호주는 달랐다.

오전 8시 반, 다윈에 도착했다. 아들레이드에서 앨리스스프링스까지 기차로 19시간, 그리고 앨리스스프링스에서 다윈까지 버스로 18시간. 그렇게 37시간에 걸쳐서 호주를 남에서 북으로 횡단했다. 우리는 먼저 근처에 있는 여행 안내소로 갔다. 그곳에서 다윈에 관한 기본 정보를 얻은 후, 여행자를 위한 동네가 아닌 장기로 머물 만한 동네를 알아보고 그리로 이동했다. 짐은 우선 여행 안내소에 맡겨 두었다.

버스를 타고 꽤 멀리 갔다. 그러나 마음에 드는 방을 찾을 수 없었다. 우리는 하는 수 없이 여행 안내소로 되돌아왔고, 하룻밤을 묵을 만한 숙박업소를 알아보았다. 여행 안내소 직원이 근처에 있는 멜라루카 백패커스(Melaleuca Backpackers)에 연락을 넣어 주었다. 잠시 후 그곳 종업원이 우리를 데리러 왔다. 그를 따라 나섰다. 가까웠다. 입실 수속을 밟은 후 방에 앉아서 앞날에 대해 깊은 이야기를 나누었다. 가장 먼저 내린 결론은 이것이었다.

우리는 여행이 아니라 머물 곳이 필요하다. 다윈은 그럴 만한 곳이 아니다.

노던 테리토리 전체가 그럴 만한 곳이 아닌 것 같았다. 그렇다면 이제 우리는 다음 중에 하나를 선택해야 한다.

(ㄱ) 다윈을 조금 더 알아볼까?
(ㄴ) 아들레이드로 돌아갈까?
(ㄷ) 아예 다른 도시로 갈까?
(ㄹ) 한국으로 돌아갈까?

다른 도시에는 브리즈번, 시드니, 멜버른 등이 물망에 올랐다. 우리는 의논에 의논을 거듭하며 밥을 해 먹었고, 그릇을 치웠고, 산책을 하러 나갔다. 무슨 건질 만한 것이 없을까 싶어서 다른 숙박업소들의 게시판도 살폈다. 그러다가 눈이 번쩍 뜨이는 쪽지를 하나 발견했다. 차를 판다는 내용이었다. 보통 차가 아니라 안에서 잘 수 있도록 개조된 1977년식 포드 팰콘(Ford Falcon)이었다. 가격도 750호주달러밖에 하지 않았다. 당시 환율로 따지면 50만 원 정도 되는 돈이다.

'저 가격이면 숙박비 정도는 충분히 빠지겠는걸.'

그러나 큰 문제가 있었다. 우리는 국제운전면허증을 가지고 있지 않았다. 이대로 포기해야 할까? 그러기에는 너무 유혹적이었다. 나는 나 스스로를 이렇게 유혹했다.

'꼭 면허증이 있어야만 차를 살 수 있는 것은 아닐 거야.'

그러자 다른 문제가 불거졌다. 호주는 운전 방향이 반대이다. 나는 다시금 나 스스로를 이렇게 유혹했다.

'호주 사람들의 운전 습관으로 볼 때 문제없어.'

나의 모든 생각이 차를 사는 방향으로 정렬되고 있었다. 마치 무엇이라도 홀린 것처럼 그렇게 되고 있었다. 잘만 하면 모든 고민을 일거에 해소할 수 있지 않는가! 결국 사는 것으로 종지부를 찍었다. 그리고 은영이와 구체적인 검토에 들어갔다. 결론이 났다.

"사자."

　바로 연락을 취했다. 통화가 되었고, 차를 보러 갔다. 판매자는 백인 여대생 둘이었다. 자기들도 여행을 다니다가 차를 샀고, 이제 여행을 마쳐야 하기에 파는 것이라고 했다. 직접 몰아 보았다. 잘 나갔다. 다음 날 만나서 서류를 정리하기로 하고 헤어졌다.

　다음 날 오전, 여대생들을 다시 만났다. 둘 다 상태가 좋지 않았다. 아마 차를 판 기념 겸 여행을 마무리한 기념으로 화끈한 밤을 보낸 것 같았다. 우리는 함께 우체국으로 갔고, 서류를 작성해서 어디론가 보냈다. 끝. 호주에서는 차를 사고파는 것이 이렇게 쉽나 보다. 보험까지 자동으로 넘어왔다. 모든 것을 마치니 오전 11시였다. 1997년 5월 19일 오전 11시. 차가 생기자마자 우리는 다윈을 떠났다. 목표는 브리즈번이었다. 마음이 새털처럼 가벼워졌다. 차에 딸린 잠자리 덕분이었다.

아웃백을 떠돌던 추억 3,
카카두 국립공원
(Kakadu National Park)

다윈을 벗어났다. 남쪽으로 달렸다. 어제 버스로 달려온 길이다. 크로커딜러스 파크(Crocodylus Park)가 있어서 잠시 들렀다가 이어서 달렸다.

30km쯤 후에 갈림길이 나타났다. 직진하면 남쪽으로 계속 달리는 1번 도로이고, 좌회전하면 남동쪽으로 달리는 36번 도로였다. 브리즈번은 직진이었다. 은영이는 직진을 원했지만, 나는 좌회전을 원했다. 좌회전하면 카카두 국립공원(Kakadu National Park)을 한 바퀴 돌아서 저 밑에서 1번 도로와 다시 만나게 되어 있었다. 그런데 그 한 바퀴가 수 km, 수십 km 수준이 아니라 무려 300km가 넘었다. 협상 끝에 좌회전으로 결정되

었다. 여행에 있어서만큼은 내가 고집을 잘 안 꺾는다. 그런데 이 글을 적고 있는 지금 이상하게 은영이에게 미안하다. 내 고집 덕분에 좋은 구경을 많이 시켜 주었는데도 이상하게 미안함이 앞선다.

좌회전을 했다. 30km쯤 달리자 습지 여행 안내소(Window on Wetlands Visitor Center)가 나타났다. 차를 세우고 안으로 들어갔다. 별 볼거리가 없었다. 학술적으로야 큰 가치가 있을지 몰라도 우리 같은 여행객에게는 남는 것이 거의 없는 곳이었다. 50km쯤 더 들어가자 카카두 국립공원 입구였다.

'드디어 들어서는구나, 카카두 국립공원!'

이제 80km만 더 들어가면 자비루(Jabiru)다. 자비루는 카카두 국립공원 내에서 유일하게 마을 같은 마을이다. 그래서 이곳에서 하룻밤을 보내기로 계획하고 있었다. 아직 해가 많이 남아 있었다. 천천히 풍경을 구경하면서 자비루로 달려갔다. 멋진 경치 같은 것은 없었다. 그저 살아 숨 쉬는 자연이 있을 뿐이었다.

자비루에 도착했다. 우리는 한적하면서도 위험하지 않은 자리를 찾아 한 바퀴를 돌았다. 마침 그런 공터가 있었다. 차를 세웠다. 해가 뉘엿뉘엿 넘어가고 있었다. 얼른 해가 지기를 바랐다. 불법인지 어떤지, 위험한지 어떤지 모르는 상황이라서 어둠이 도움이 될 것 같았다. 그렇게 밤을 맞았고, 차에서 첫 잠을 잤다. 생각보다 편하고 안락했다. 딱 하나 안 좋은 점이 있다면, 천장이 무척 낮았다. 그래서 서서 해야 할 모든 일을 앉거나 누워서 해야 했다.

날이 밝았다. 7시였다. 우리는 느긋하게 아침을 차려 먹고 길을 나섰다. 이제 어느 정도 익숙해진 것이다. 첫 목적지는 카카두 국립공원의 상징인 우비르(Ubirr)였다. 주도로를 벗어나서 북동쪽으로 40㎞쯤 떨어진 곳에 있었다. 달리는 동안 창밖으로 푸르고 평평한 대지가 끝 간 데 없이 펼쳐졌다.

우비르에 도착했다. 그런데 낡아 빠진 주차장 말고 아무것도 없었다. 은영이가 물었다.

"선배, 다 왔어? 여기야? 여기에 뭐가 있어?"

정곡이었다. 당황할 수밖에 없었다. 틀림없이 우비르에 도착하기는 했는데 나 자신조차도 우비르인지 확신할 수 없었다.

"우선 내려 보자. 맞는 것 같기는 한데."

 안내판을 찾아보았다. 다행히 한쪽에 화살표가 표시되어 있었다. 가리키는 대로 가 보았다. 탐방로가 있었다. 그런데 그 탐방로라는 것이 얼마나 사람이 안 다녔으면 자연으로 이미 돌아간 길이었다. 은영이가 불안한 음성으로 물었다.

 "선배, 안 들어가면 안 돼?"

 당연히 안 된다.

 "이까지 왔는데 한번 들어가 보자."

 그렇게 우리는 탐방로의 흔적을 좇아서 한 발 한 발 걸어 들어갔다. 드문드문 서 있는 안내판이 큰 위안이 되었다. 안내판에 우리가 보아야 할 것이 무엇인지 표시되어 있었다. 바로 호주 원주민이 그려 놓은 벽화였다. 그런데 대부분이 바로 어제 그린 것처럼 선명했다. 아무래도 과하게 복원된 것 같았다. 첫 번째 벽화를 살펴보고, 두 번째 벽화를 살펴보고, 세 번째 벽화를 살펴볼 즈음 뒤편이 시끌시끌하더니 한 무리의 관광객이 등장했다. 호주 원주민이 이끄는 서양인 단체 관광객이었다.

'잘됐다!'

이후 우리는 단체 관광객을 따라다니면서 경청하고 구경했다.

주차장으로 돌아왔다. 다시 길을 나섰다. 자비루까지는 그대로 돌아가는 길이었다. 은영이가 자비루에서 점심을 먹고 가자고 했다. 나는 주전부리 같은 것으로 때우면서 계속 달리자고 했다. 은영이가 완강하게 거부했다. 몇 번의 실랑이 끝에 자비루에서 점심을 먹고 가기로 했다. 해 먹기는 여러모로 성가셨다. 그래서 푸드랜드(Jabiru Foodland)라는 곳에서 간단하게 사 먹었다.

자비루를 떠났다. 시계 방향으로 도는 길이었다. 25km쯤 달리자 미라이 전망대(Mirrai Lookout)가 나왔다. 우리는 차를 세우고 전망대를 향해 걸어갔다. 그런데 전망대는 산길을 1km나 올라가야 하는 곳에 있었다. 그만큼 풍경이 좋다는 말이겠지? 결론부터 이야기하자면 거의 헛걸음이었다. 도착하고 보니 그저 카힐 산(Mount Cahill) 정상이었고, 시야가 탁 트여 있지도 않았다.

미라이 전망대를 떠났다. 한참 후 카카두 국립공원을 벗어났다. 허탈했다. 카카두 국립공원은 우리의 기대에 훨씬 못 미치는 곳이었다. 대단한 경치를 기대한 우리가 잘못이라면 잘못이다. 그런 곳이 아니라 호주 원주민의 역사가 살아 숨 쉬는 곳, 각종 동식물이 자신의 성정 그대로 살아가는 곳이었기 때문이다. 그렇다면 이쯤에서 질문을 하나 던지고 싶다. 우리는 과연 카카두 국립공원에서 무엇을 보아야 했을까? 아무리 생각해도 모르겠다.

쭉 달려갔다. 파인 크리크(Pine Creek)에서 1번 도로와 재회했다. 우회전하면 다윈으로 가는 북쪽이고, 좌회전하면 아들레이드로 가는 남쪽이었다. 우리는 남쪽을 택했다. 이로써 처음 계획했던 대로 브리즈번으로 다시 향하게 되었다. 100km를 달려서 캐서린(Katherine)에 도착했다. 자비루에서 그랬던 것처럼 한적하면서도 위험하지 않은 자리를 찾아서 하룻밤을 보냈다. 차에서 보내는 두 번째 밤이었다.

아웃백을 떠돌던 추억 4,
엘리엇(Elliott) 근방에서
캥거루와 충돌하다

날이 밝았다. 5월 21일이었다. 우리는 정확히 새벽 6시 10분부터 달리기 시작했다. 외길이 이어졌다. 특이한 것이 보이면 무조건 세웠고, 그럴싸한 건물이 나타나도 일일이 세워서 살폈다. 그래도 250km를 달리는 동안 총 5번을 세우지 못했다. 아무것도 없다고 해도 절대 과언이 아닌 250km였다. 왜 하필 250km인고 하니, 그곳에 데일리워터스(Daly Waters)라는 제법 큰 마을이 있었다. 우리는 안으로 들어가서 기름부터 채웠다. 아웃백에서는 주유소가 보일 때마다 기름을 채워야 한다. 차를 세운 김에 그늘에 세워 놓고 아침 겸 점심을 해 먹었다.

데일리워터스에는 1938년에 문을 연 유명한 식당 겸 술집이 있다. 데일리워터스 펍(Daly Waters Pub)이다. 이런 오지에 펍이 들어선 이유는 바로 옆에 공항이 있기 때문이다. 지금이야 거의 유명무실해졌지만 당시에는 구급 비행기의 주요 기착지였다. 워낙 땅덩어리가 넓은 호주이다 보니 구급차 대신 구급 비행기가 운행되었고, 이를 위한 거점이 필요했던 것이다. 우리는 데일리워터스 펍에 발을 들일 수 없었다. 돈도, 영어도, 운전면허증도 어느 것 하나 안정된 것이 없었기 때문이다. 다시 간다면 당연히 데일리워터스 펍에서 밥을 먹고, 맥주를 한잔할 것이다. 이제는 어느 정도 된다.

데일리워터스를 떠났다. 계속해서 남쪽으로 달려 내려갔다. 한참을 달렸다. 점점 어두워지기 시작하더니, 결국 해가 져 버렸다. 잠자리가 여의치 않아서 그만 그렇게 되었다. 차가 잠자리인데 무슨 걱정이냐, 아무 데나 세우면 되지 않느냐고 하겠지만 이는 모르고 하는 소리다. 각종 야생동물과 그보다 더 무서운 지나다니는 차 때문에 반드시 마을 같은 곳에 들어가야 안심이 되었다. 밤길 운전은 긴장의 연속이었다. 인공이라고는 포장도로밖에 없는 대자연 속을 전조등 하나에 의지해서 달리는 기분은 그리 낭만적이지도, 도전 정신을 불러일으키지도 않았다. 얼른 마을이 나타나서 우리를 이 칠흑 같은 어둠으로부터 벗어나게 해 주었으면 하는 바람뿐이었다. 도로는 고요했다. 오직 우리뿐이었다. 온 세상이 고요했다. 이때는 몰랐는데, 야간에 이렇게 아웃백을 달린다는 것은 거의 목숨을 담보하는 행위였다. 많은 위험이 도사리고 있었고, 결국 우리는 그 위험 중의 하나와 맞닥뜨렸다.

은영이가 잠들었다. 나는 홀로 어둠과 교감하며 달렸다. 가끔 불빛 같은 것이 깜빡거렸다.

'반딧불인가?'

아닌 것 같았다. 너무 밝았다.

'멀리 있는 집인가?'

아닌 것 같았다. 일관되지 않았다.

'별이 참 낮게도 떠 있네.'

아닌 것 같았다. 별이라면 이렇게 빨리 스칠 리 없었다.

'뭐지?'

나는 신경의 반을 깜빡거리는 불빛 같은 존재에 집중했다. 그러다가
아주 잠깐 그 존재가 희미하게 비치는 순간이 있었다.

'아!'

바로 알아챘다. 캥거루였다. 캥거루의 눈동자였던 것이다. 이후부터

는 깜빡거리는 불빛이 매우 현실적으로 다가왔다. 깜빡거릴 때마다 캥거루의 몸통이 연상되고, 그 몸통들은 분명히 도로를 따라 도열해 있었다. 그러다가 오른편에서 불빛 한 쌍이 도로로 뛰어들었다. 호주는 운전석이 반대다. 그래서 내 쪽이었다. 전조등 불빛에 캥거루의 몸통이 드러나는가 싶더니, 쾅 하고 부딪혔다. 충격이 꽤 컸다. 다행히 차는 아무 일 없이 계속 달려 주었다. 캥거루가 차 중앙까지는 뛰어들지 못했고, 우리 차에는 캥거루 바(Kangaroo bar)가 장착되어 있었다. 캥거루 바가 왜 캥거루 바인지 확실히 깨달았다. 충격에 은영이가 깼다. 그리고 잠이 덜 깬 눈빛으로 두리번거리며 물었다.

"선배, 뭐야?"

"캥거루하고 박았다."

"괜찮아?"

"응. 더 자라. 괜찮다."

나는 속력을 늦추지 않았다. 도망가야겠다는 생각은 없었다. 단지 어둠이 무서웠을 뿐이다. 낮이었어도 세우는 것을 망설였을 아웃백인데, 하물며 깜깜한 밤에 세운다는 것은 어불성설이었다. 밝을 때 보니까 차는 멀쩡했다. 나중에 믹에게 이 이야기를 해 주었다. 그러자 원래 캥거루들이 불빛을 보고 뛰어드는 습성이 있다면서 밤에 운전하면 매우 위험하다고 했다.

한참을 달렸다. 저 멀리서 마을 하나가 빛을 발하고 있었다. 진정한 광명이었다. 마을과 점점 가까워졌고, 드디어 도착했다. 엘리엇(Elliott)이었다. 지긋지긋한 암흑이 끝났다. 우리는 엘리엇에서 하룻밤을 보냈다.

아웃백을 떠돌던 추억 5,
평생 못 잊을 이름,
카무윌(Camooweal)

새벽이 찾아왔다. 아들레이드를 떠난 지 일주일이 되었다. 새벽 6시 반부터 달리기 시작했다. 일출이 시작되었다. 꼭 바다에서 떠오르는 것 같았다. 다른 점이 있다면 동해의 푸른 바다가 깡마른 황무지로 바뀐 것 밖에 없었다. 수평선이 지평선으로 바뀌었다. 우리나라가 참 좁기는 좁나 보다. 한국에서는 이런 일출을 본 적이 없다.

250km를 내리 달려서 갈림길을 만났다. 250km 동안 외길이었고, 인공이라고는 도로밖에 없는 길이었다. 갈림길 일대의 이름은 스리웨이즈 (Threeways)였다. 이름에서 벌써 어떤 곳인지 느낌이 온다, 삼거리. 직진하면 아들레이드로 가는 남쪽이고, 좌회전하면 브리즈번으로 가는 동쪽

이었다. 직진하면 사랑하는 믹과 베티가 사는 땅이고, 좌회전하면 개척해야 하는 미지의 땅이었다. 우리는 처음 계획대로 좌회전을 했다. 그런데 이때 그만 큰 실수를 범하고 말았다. 갈림길 근방에 주유소 겸 식당 겸 숙박업소가 하나 있었는데, 반대편이고 해서

'다음에 넣지, 뭐.'

하고 그냥 지나친 것이다. 기름을 넣었어야 했는데. 지금도 뼈에 사무치는 그곳의 이름은 스리웨이즈 로드하우스(Threeways Roadhouse)이다.

이상하게 마음이 편안했다. 도로가 우리 집 같고, 아웃백이 우리 동네 같았다. 은영이랑 둘밖에 없는 세상이 그렇게 좋을 수 없었다. 가끔 로드트레인과 만났다. 마주 오기도 하고, 추월하기도 했다. 가끔 죽은 캥거루와 만났다. 처음에는 직시하기도 힘들었지만 어느새 익숙해졌다. 어차피 아웃백의 일부이다. 직접 확인한 것은 아니지만 지난밤에 우리도 한 마리를 그렇게 만들었을 것이다. 한번은 저 멀리 죽은 캥거루가 누워 있고, 그 위에 새까맣게 까마귀 떼가 앉아 있었다. 그런데 이것들이 차가 가까이 왔는데도 날아갈 생각을 하지 않고 있다가 몇 m 안 남겨 두고 일제히 날아올랐다. 그중의 한 마리가 하필이면 우리 차 쪽으로 날아왔다. 그리고

'어? 어어?'

하는 사이에 우리 차 밑으로 기어 들어왔고, 이내 밑바닥에서 툭툭, 툭툭, 투둑투둑 하는 소리와 함께 진동이 전해졌다. 아무래도 까마귀가 밑바닥에다 머리 등을 처박고 있는 것 같았다. 뒷거울로 보니까 아니나 다를까 검은 물체 하나가 도로 위에 나자빠지고 있었다. 정확히 보이지는

않았지만 까마귀 같았다.

　주 경계에 도착했다. 노던 테리토리와 퀸즐랜드(Queensland)의 경계다. 달랑 표지판 하나가 전부였지만 차를 세워 놓고 기념사진을 찍었다. 일종의 의식 같은 것이었다. 다시 달리기 시작했다. 이제부터 퀸즐랜드 땅이다. 지금껏 달린 길과 전혀 다를 바가 없는데도 희한하게 모든 것이 새롭게 느껴졌다. 그런데 얼마 안 가서 시동이 꺼져 버렸다. 머릿속이 하애졌다. 시동을 다시 걸어 보았다. 걸렸다. 다행이었다. 그런데 얼마 안 가서 다시 꺼져 버렸다. 다시 걸어 보았다. 걸리지 않았다. 다시 걸어 보았다. 역시 걸리지 않았다. 다시 걸어 보았다. 영원히 걸리지 않으려는 것 같았다. 내려서 주변을 살펴보았다. 사방이 지평선뿐이었다. 완전한 황무지의 완전한 한중간에 완전히 서 버린 우리! 머리를 굴렸다. 방법은 딱 하나뿐이었다. 차를 얻어 타고 근처 마을로 가서 견인차를 불러오는 것. 그런데 문제가 있었다. 차에 살림이 다 있어서 둘 다 갈 수는 없었다. 그렇다면 누가 남고, 누가 가야 할까? 고민 끝에 은영이가 남기로 했다. 가야 하는 방향은 브리즈번 쪽이었다. 왜냐하면 우리가 지나온 쪽으로는 스리웨이즈까지 마을 같은 것은 일절 없었다.

혼자 길가에 섰다. 은영이는 계속 타고 있었다. 둘 다 내리면 2명을 태워야 하는 줄 알고 세워 주지 않을 수도 있다. 한참을 기다려서 차가 나타났다. 태워 달라는 신호를 보냈다. 하지만 그냥 지나가 버렸다. 한참 후에 다시 차가 나타났다. 마찬가지로 태워 달라는 신호를 보냈다. 이번에는 세워 주었다. 백인 노부부였다.

"차가 고장 나서 그러는데 바로 앞마을까지만 좀 태워 주세요."

흔쾌히 타라고 했다. 눈물이 나도록 고마웠다. 가는 동안 이런저런 이야기를 나누었는데, 노부부는 영국식 억양을 사용했고, 타운즈빌까지 가는 길이었다.

"바닷가에 있는 그 타운즈빌이요?"

"응."

그렇다면 최소한 700km는 가야 한다. 그런데 차도 조그맣고, 그만큼의 짐도 없고, 도대체 어떤 식의 여행을 하고 있는 것일까? 믹과 베티라면 당연히 뒤에 캐러반을 달고 있었을 것이다. 5km쯤 달렸을까? 마을이 나타났다. 카무윌(Camooweal)이었다. 우리 평생에 절대로 잊을 수 없는 단어 하나가 추가되는 순간이었다, Camooweal!

주유소가 보였다. 표현할 수 있는 모든 고마움을 표현한 후 내렸다. 곧장 사무실로 가서 직원에게 RACV 멤버십 번호를 보여 주며 무작정 물었다.

"차가 안 움직여요. 어떻게 해야 하나요?"

RACV 멤버십 번호는 차를 살 때 함께 받은 것이다. 직원이 어디론가 전화를 걸었다. 이후 어떻게 돌아가는지는 모르겠지만 어쨌든 처리가 되었고, 밖에서 잠시 기다리라고 했다. 희망이 보였다. 밖으로 나갔다. 얼마 안 기다려서 직원이 견인차를 끌고 나왔다. 그 견인차를 타고 은영이가 있는 곳으로 갔다.

은영이가 있는 곳에 가까워 갔다. 차는 보이는데 은영이가 보이지 않았다. 가슴이 철렁 내려앉았다. 온갖 나쁜 상상이 머릿속을 점령해 갔다.

'혹시? 설마. 그래도 혹시? 설마, 절대로 아닐 거야.'

차에 도착했다. 은영이가 차 안에서, 그것도 창문을 완전히 닫은 채 앉아 있었다. 내 얼굴을 보자마자 은영이가 진심으로 기뻐하며 내렸다.

"선배!"

"더운데 왜 안에 있어? 괜찮아?"

"독수리가 너무 무서워서."

"독수리?"

하늘을 올려다보았다. 진짜로 독수리가 빙빙 날고 있었다. 은영이를 비실대는 캥거루쯤으로 여겼나 보다.

'야, 우리 은영이가 어디를 보아서 캥거루 같아? 눈 똑바로 안 뜰래? 이렇게 하얗고 호리호리하고 귀여운 캥거루를 본 적이 있어? 본 적이 있냐고!'

차를 견인해서 카무윌로 갔다. 신기하게도 돈을 전혀 낼 필요가 없었

다. RACV 멤버십이 모두 해결해 주었다. 영문을 모르겠지만 여하튼 모두 처리되었다. 엄청 걱정했는데 천만다행이었다.

주유소 뒤에 캐러반파크가 있었다. 우리는 우선 그곳에 차를 갖다 놓고 여장을 풀었다. 비록 고장이 나기는 했어도 잠자리로는 여전히 쓸 만한 차였다. 이제 차를 손보는 일이 남았다. 그런데 은영이도, 나도 자동차에는 젬병이었다. 어떻게 해야 할까? 걱정할 사이도 없이 문제가 바로 해결되었다. 신기하게도 캐러반파크에 묵고 있는 사람들이 하나둘 모여들더니 자기들끼리 여기저기 살피면서 토론을 시작하는 것이 아닌가! 특히 한 남자는 자기 차를 끌고 와서 연결해 놓고는 하나하나 수리까지 해 나갔다. 그렇게 하루해가 저물었다. 지옥과 천당을 오간 하루였다.

다음 날 오전에 그 남자가 다시 왔다. 그리고 우리 차를 잠깐 확인한 후에 말했다.

"스타트 모터가 완전히 나갔어요. 아무래도 갈아야 할 것 같아요. 이 차를 얼마 주고 샀어요?"

어제 확인한 상황들에 대해 밤사이 결론을 내렸고, 그 결론이 맞는지 잠깐 확인한 후에 우리에게 이야기하는 것이었다.

"750 달러요."

그러자 남자가 말했다.

"여기서 스타트 모터를 사려면 그보다 더 비싸요. 그리고 며칠이 걸려요."

들으면서 바로 결론을 내렸다.

'차를 포기해야 되는구나.'

상황을 종합해 보면 이렇다. 스리웨이즈 로드하우스에서 기름을 넣어야 했는데 건너뛰었고, 그 바람에 퀸즐랜드에 들어서자마자 기름이 떨어졌는데 그것도 모른 채 무리하게 시동을 걸었고, 그러다가 그만 스타트 모터가 망가진 것이다. 무조건 우리 잘못이었다. 엄밀히 따지면 은영이 또한 잘못이 없었다. 내 잘못이었다. 남자가 돌아갔다. 이제 두 가지 고민거리가 남았다. 차를 어떻게 처치할 것인가, 그리고 브리즈번까지 어떻게 갈 것인가. 나머지는 그 다음 문제였다. 이 두 가지 고민거리를 해결하기 위해 이것저것 알아보면서 반나절을 보냈다.

오후 늦게 한 남자가 찾아왔다. 50줄 정도 되어 보이는 백인이었다. 겁부터 덜컥 났다.

'혹시 운전면허증 때문일까? 무슨 돈이라도 내야 하나?

그런데 남자가 뜻밖의 말을 했다.

"당신 차를 사고 싶어요."

아니, 이런 희소식이 있나! 우리는 흥정도 없이 남자가 부르는 대로 50 호주달러에 차를 팔기로 했고, 바로 돈을 받았고, 차 열쇠를 넘겼고, 공책에 간이 계약서를 써서 교환했다. RACV 멤버십도 함께 넘겼다. 차를 사고파는 것이 어떻게 이렇게 간단할 수 있는지 신기할 따름이었다. 마음이 홀가분해졌다. 이제 떠나는 일만 남았다.

아웃백을 떠돌던 추억 6,
브리즈번에 도착하다,
그리고 실망하다

5월 24일 새벽 4시 50분, 우리는 카무윌을 떠났다. 이렇게 새벽에 떠난 이유는 버스가 그 시간밖에 다니지 않았기 때문이다. 일주일에 2대가 있었고, 시간은 모두 새벽이었다.

컴컴한 정류장에서 버스를 기다리는데 한 남자아이가 조용히 우리 쪽으로 다가왔다. 어둠 속에서 윤곽으로만 보이는 한 남자아이가 발자국 소리 하나 없이 우리 쪽으로 다가오는 경험은 생각보다 오싹했다. 아이가 말을 걸어왔다. 나는 한 마디도 못 알아듣겠는데, 은영이는 잘 알아듣고 대화까지 나누었다. 이때를 생각하면 지금도 소름이 끼친다. 아이가 꼭 유령 같고, 은영이가 꼭 접신한 것 같기 때문이다. 대화 끝에 은영이가 물었다.

"이름이 뭐니?"

"조슈아(Joshua)."

"조슈아?"

조슈아라는 대답에 우리 둘 다 머리카락이 쭈뼛 섰다. 믹과 베티의 큰 손자 이름이 조슈아이다. 어쩌면 아이가 남긴 마지막 한 마디, '조슈아' 때문에 지금 우리가 만남 전체를 기이하게 기억하고 있는지도 모르겠다.

시간에 맞추어서 버스가 왔다. 올라타고 곧장 마운트아이자(Mount Isa)로 갔다. 그곳에서 브리즈번행 버스로 갈아타야 한다. 마운트아이자에 도착했다. 마운트아이자는 퀸즐랜드의 여느 내륙 도시처럼 광산의, 광산에 의한, 광산을 위한 도시였다. 도시 한중간에 솟아 있는 우람한 굴뚝이 매우 인상적이었다. 내리자마자 먼저 브리즈번행 버스부터 알아보았다. 오전 8시 15분 출발이었다. 승차권을 끊고 바로 버스에 올라탔다. 그리고 다음 날 오전 10시 10분에 도착했다. 꼬박 26시간이 걸린 대장정이었다. 이는 우리 여행 사상 최고의 기록이다. 2등은 같은 해 3월 27일에 기록한 아들레이드에서 시드니까지 24시간으로서 그때도 버스였다. 이런 장거리 버스의 경우 운전사 2명이 동승했다. 그렇다고 나란히 앉아서 무엇인가를 하는 것은 아니고, 한 명이 운전하는 동안 다른 한 명은 뒤에 따로 마련된 공간에서 잠을 잤다. 버스 안에 화장실도 갖추어져 있고, 매 2시간마다 휴게실에 들르기도 했다. 그래서 24시간도, 26시간도 가능한 것이다. 처음에는 다들 잠자리 채비를 갖추고 타는 모습이 영 이상했는데, 나중에는 정말이지 부러워 죽는 줄 알았다. 우리는 겨우겨우 견디는 것 같고, 그들은 안락하게 즐기는 것 같았다.

브리즈번에 도착했다. 근처 숙박업소를 찾아갔다. 입실 수속을 밟고 먼저 몸부터 추슬렀다. 바로 나갔다가는 몸이 부서질 것 같았다. 1시간 가량 누워서 허리를 폈다. 그리고 밖으로 나갔다. 마냥 쉴 수만은 없었다. 브리즈번이 어떤 곳인지도 궁금하고, 무엇보다 길게 머물 만한 곳을 찾아보아야 했다. 가장 먼저 찾아간 곳은 퀸즐랜드 TAFE(Queensland TAFE)였다. 가능하면 학교를 다닐 생각이었기에 입맛에 맞는 교육과정이 있는지, 혹시 괜찮은 자취방 광고는 없는지 알아볼 생각이었다. 교육과정을 훑어보았다. 다닐 만했다. 광고판을 뒤적거렸다. 괜찮은 자취방 광고를 발견했다. 우리는 바로 전화를 걸어서 다음 날 아침에 찾아가기로 했다. 과연 우리는 브리즈번에 안착할 수 있을까?

퀸즐랜드 TAFE를 나섰다. 숙소로 바로 돌아가기는 무엇해서 근처 사우스 뱅크(South Bank)와 퀸 스트리트 몰(Queen Street Mall)을 둘러보았다. 큰 볼거리는 아니었다. 숙소에 도착해서 저녁을 해 먹은 후, 산책도 할 겸 토마스 스트리트(Thomas Street)까지 걸어가 보았다. 토마스 스트리트로 간 이유는 자취방 광고에 유독 그곳 주소가 많이 적혀 있었기 때문이다. 그런데 가서 보니까 분위기가 썩 마음에 들지 않았다.

"은영아, 쉽지 않겠네."

"정말 쉽지 않겠어."

우리는 다소 무거워진 마음으로 숙소로 돌아왔다.

5월 26일이 되었다. 아들레이드를 떠난 지 11일째다. 우리는 전날 약속한 대로 방을 보러 갔다. 우선 동네는 괜찮았다. 들어가니까 백인 남자 둘이 살고 있고, 우리가 지낼 곳은 안쪽 방이었고, 가격도 괜찮았다. 그런데 함께 지내면 아무래도 불편한 일이 많이 생길 것 같았다. 무엇보다 남자만 둘이라는 것이 마음에 걸렸다. 은영이와 내가 늘 함께 다니기는 하겠지만 그래도 불편할 것 같았다. 우리는 생각해 보겠다고 하고 나왔다.

다시 퀸즐랜드 TAFE로 갔다. 다른 광고들을 쭉 살펴보았으나 딱히 마음에 드는 자취방이 없었다. 포기하고 점심을 먹으러 갔다. 전날 보아 둔 피자헛이었다. 참 맛있었다. 우리는 이날 치즈만 잔뜩 올라간 피자에 눈을 떴다. 쫀득쫀득하고 고소한 것이 그렇게 맛있을 수 없었다. 피자헛을 나섰다. 다시 한 번 방을 알아보다가 저녁을 맞았다. 브리즈번에서 맞는 두 번째 밤이었다. 허전했다. 우리는 믹과 베티에게 전화를 걸었다. 사람의 정이 필요했기 때문이다. 우리를 진정 걱정해 주는 한마디가 절실했다.

베티가 전화를 받았다. 믹도 같이 있었다. 우리 4명은 서로서로 수화기를 넘겨주면서 대화를 이어갔다. 그러다가 그만 내가 눈물을 왈칵 쏟아냈다. 지금까지의 마음고생이 봇물 터지듯 떠오르는 바람에 감정이 통제 불능 상태에 빠진 것이다. 넷 다 울기 시작했다. 한참 동안 울었다. 조금 잦아든 후 베티가 울음이 섞인 음성으로 말했다.

"돌아와라."

알겠다고, 정말 그러고 싶다고 말하고 싶었지만 입이 떨어지지 않았다. 은영이와 나는 계속 울기만 하다가 겨우 대답했다.

"알겠어요."

아들레이드로 돌아가기로 마음먹고 나자 지금까지의 모든 힘듦이 일시에 즐거운 추억으로 바뀌었다. 행복했다. 어떻게 그렇게 싹 바뀔 수 있는지 신기할 따름이었다. 아들레이드가 아니라 한국으로 돌아가기로 마음먹었어도 그만큼 행복하지는 않았을 것이다. 진실로 믹과 베티가 없는 호주는 우리에게 호주가 아니다.

우리는 곧장 브리즈번 트랜짓센터(Brisbane Transit Center)로 갔다. 아들레이드로 가는 방법을 찾기 위해서였다. 비행기 말고는 아들레이드로 직행하는 것이 없고, 비행기를 타기는 싫고, 버스도 질리고, 그렇다면 남은 것은 기차뿐이었다. 우리는 다음 날 오전에 다시 알아보기로 하고 숙소로 돌아왔다. 전화 통화 이후 내내 마음이 풍요로워졌다. 브리즈번까지 온통 따뜻하게 느껴졌다.

아웃백을 떠돌던 추억 7,
시드니 거쳐 멜버른 거쳐
아들레이드까지

5월 27일 오전 9시, 우리는 짐을 몽땅 싸서 숙소를 나섰다. 그리고 브리즈번 트랜짓센터에 다시 가서 아들레이드로 가는 방법을 알아보았다. 여러 가지 길이 있었지만 우리에게 가장 알맞은 방법은 다음이었다.

(ㄱ) 버스를 타고 카지노에 간다.

(ㄴ) 21시 15분, 시드니행 기차 승차

(ㄷ) 10시 30분, 시드니 도착 후 여행

(ㄹ) 20시 43분, 멜버른행 기차 승차

(ㅁ) 07시 05분, 멜버른 도착 후 여행

(ㅂ) 20시 20분, 아들레이드행 기차 승차

(ㅅ) 08시 30분, 아들레이드 도착

이 일정대로 가지 않으면 시드니와 멜버른에서 각각 하룻밤을 자야 했다. 그러기는 싫었다. 왠지 시간이 낭비되는 것 같았다. 지금 다시 하라면 못 할 것 같지만 이때는 젊었고, 그래서 가능한 일정이었다. 무엇보다 은영이가 나를 전적으로 믿고 따르던 때였다. 지금은 고려해야 할 사항이 너무 많고, 은영이가 반대할 가능성도 높다. 그때 이런 짓을 해 보아서 얼마나 다행인지 모르겠다.

오후 1시 15분, 카지노(Casino)로 가는 버스에 올랐다. 여기서 말하는 카지노는 도박장이 아니라 마을 이름이다. 도박장에서 비롯된 이름인지 어떤지는 모르겠지만, 여하튼 지금은 마을 이름이 카지노다. 카지노에 도착하니 오후 4시였다. 우선 기차역으로 가서 타야 할 기차 편부터 알아 놓았다. 그리고 밖으로 나가서 카지노 구석구석을 돌아보았다. 마을이 무척 조용하고 아늑했다. 상점에서 바나나 등 요기가 될 만한 것들을 샀다. 날이 어두워졌다. 기차역으로 돌아가서 열차를 기다렸다. 오후 9시 15분 정시에 열차가 출발했고, 자다가 깨고, 자다가 깨다 보니 날이 밝았다. 오전 10시 반 정시에 시드니에 도착했다. 짐 보관소에 가방을 맡기고 역사를 나섰다. 그런데 역사 앞에서 그만 은영이와 대판 싸우고 말았다. 나의 여행에 대한 욕심 때문이었다. 발단은 역사를 나서면서 던진 나의 한마디였다.

"유람선 타러 가자."

이에 은영이는 정말 어이없다는 반응을 보였다.

"지금 이 상황에 그러고 싶어?"

화가 났다. 그러면 어디 앉아서 회개라도 해야 한다는 말일까? 나의 제안에도, 은영이의 거절에도 일리가 있었다. 지금이라면 둘 다 어느 정도 양보하면서 최상의 접점을 찾아갔겠지만, 그때는 서로 한 치의 양보도 없이 대립하면서 최상의 접점을 찾던 시기다. 그래서 둘 다 상처를 입을 수밖에 없었고, 함께 이룬 결과물에는 항상 피비린내가 진동했다. 어쨌든 여객선을 타기로 결론이 났다.

서큘러 키(Circular Quay)까지 걸어갔다. 많은 노선 가운데 캡틴 쿡 크루즈(Captain Cook Cruises)의 시드니하버 익스플로러(Sydney Harbour Explorer)를 선택했다. 오페라하우스(Opera House), 달링하버(Darling Harbour), 록스(Rocks), 타롱가 동물원(Taronga Zoo) 등에서 내렸다가 구경한 후 다음 배를 타고 이동할 수 있는 표였다. 그렇게 하루 종일 내렸다, 탔다, 내렸다, 탔다 할 수 있는데도 우리는 달랑 달링하버에서만 내렸다 탔다. 은영이가 저기압이었기 때문이었다. 이런 것이 바로 결과물에 진동하는 피비린내라는 것이다. 지금 생각하면 억지로라도 내렸다 탔어야 했다. 그러나 그때는 감히 그러지 못했다. 하기는 다시 이런 선택의 순간이 온다고 해도 감히 그러지 못할 것 같다. 지금처럼 뒤에 가서 후회나 하겠지. 세상에서 은영이의 저기압이 가장 성가시다. 사실 이때가 우리의 첫 시드니 여행은 아니었다. 바로 2달 전에도 2박 3일 동안 시드니에 머물렀다. 3월 28일부터 30일까지였고, 불알친구 건우가 시드니에 있다고 해서 찾아간 것이었고, 버스로 24시간을 달려갔다가 24시간을 달려왔다. 그래서 총 4박 5일이 걸린 여행이었다. 그때 건우는 우리를 하이드파크(Hyde Park), 오페라하우스, 하버브리지(Harbour Bridge), 달링하버, 퀸 빅토리아빌딩(QVB, Queen Victoria Building), 차이나타운(China Town) 등 참 많은 곳을 구경시켜 주었다. 그리고 지금은 없어진 모노레일(Monorail)도 타 보았다. 하지만 시간이 없어서 여객선을 탈 수 없었고, 그래서 이번에 그렇게 여객선에 욕심을 낸 것이다. 여담으로 조금 전에 이 여행에 대해 은영이에게 궁금한 것이 생겨서 물어보았다.

"은영아, 그때 시드니에서 싸운 것 기억나?"

기억난다고 하면 본격적인 질문을 할 생각이었다. 그런데 은영이가 나의 말문을 막아 버렸다.

"우리가 시드니에서만 싸웠니? 시드니에서만 싸웠어? 맨날 싸웠잖아! 공부하겠다는 사람을 억지로 끌고 다니고 말이야. 그때 정말 선배를 버렸어야 했어. 아, 짜증 나! 왜 그때 기억을 끄집어내고 그러니? 심심하니?"

순간 나도 감정이 확 달아올랐고, 당장 맞받아쳤다.

"덕분에 추억이 남았잖아! 공부만 했으면 뭐가 남았겠냐?"

"아마 지금은 더 멋진 사람이 되어 있을걸."

"그러면 뭐 하냐, 나만 버림받았지."

"내가 바라는 바야, 왜 이래?"

그리고 가방을 싸 들고는 휙 운동하러 나가 버렸다. 이후 은영이가 돌아올 때까지 나는 갑갑해 미치는 줄 알았다. 아, 다시 화끈 달아오르네.

다시 시드니 이야기를 이어가자. 여객선 여행을 마친 우리는 어슬렁어슬렁 시드니를 배회하면서 기차역으로 돌아왔다. 멜버른행 열차는 저녁 8시 43분이었다. 정시에 열차가 출발했고, 다음 날 아침 7시 5분에 멜버른에 도착했다. 내리기 싫었지만 내려야 했다. 우선 짐을 모두 보관소에 맡겼다. 몸이 찌뿌듯했다. 날씨가 싸늘했다. 맥도날드가 보였다. 우리는 맥도날드에 가서 우선 몸을 녹이고, 간단하게 요기를 했다. 은영이는 내심 맥도날드에서 계속 시간을 보내고 싶어 했다. 얼토당토않은 이야기다. 우리가 언제 멜버른에 다시 올 수 있다고. 훗날 멜버른이라는 단어를 접했을 때 맥도날드만 떠오르면 참 슬플 것이다. 이런 나의 철학이 은영이를 끌고 일어나게 만들었다.

거리로 나섰다. 거미줄처럼 얽힌 철길과 전선이 멜버른만의 독특한 풍경을 자아냈다. 노면전차용이었다. 이런 풍경을 정말 보고 싶었다. 우리는 발길이 닿는 대로 걸어 다녔다. 어디를 가든 철길과 전선이 이어졌다. 그러다가 영화관을 발견했다. 은영이가 들어가자고 했다. 그렇다고 딱히 영화가 보고 싶은 것은 아니었다. 그저 따뜻한 곳에서 쉬고 싶었을 뿐이다. 나는 은영이의 말을 따르기로 했다. 멜버른에서 영화 보기, 그것도 나쁘지 않을 것 같았다.

표를 끊었다. 제목은 '로스트 월드(The Lost World)'였다. 한물간 영화인지 상영관 전체를 전세 내고 보았다. 그런데 조금 차분한 영화를 고를걸 그랬나? 공룡과 사람이 어우러져서 어찌나 시끄럽고, 징그럽게 구는지 전혀 휴식이 되지 않았다. 영화가 끝났다. 상영관을 나서는데, 맞은편 상영관의 문이 활짝 열려 있었다. 우리는 모르는 척 슬쩍 들어가 보았다. 서너 사람이 앉아 있었다.

"선배, 우리도 앉자."

은영이의 표정이 무척 간절해 보였다. 몸이 안 좋은가? 그런 은영이를 끌고 나갈 수는 없었다. 우리는 한쪽에 가서 앉았고, 잠시 후 문이 닫혔고, 바로 영화가 시작되었다. 그렇게 영화 한 편을 더 관람했다. 제목이 '여자와 여자(Woman and Woman)'였는데 재미없고, 배울 것도 없고, 남는 것도 없는 영화였다. 그런데 이상하게 '로스트 월드'보다 훨씬 만족감이 컸다. 푹 쉴 수 있었기 때문이다.

영화관을 나섰다. 전차를 타고 세인트 킬다(St. Kilda)로 갔다. 멜버른의 여행지 하면 늘 빠지지 않는 곳이라서 잔뜩 기대하고 갔는데, 도착해서 보니 그저 황량한 바닷가일 뿐이었다. 정말이지 얼어 죽는 줄 알았다. 우리의 여정이 비록 아들레이드에서 시작되기는 했으나 진정 여행다운 여행은 다윈에서 시작되었다고 볼 수 있다. 다윈은 1년 내내 더운 곳이다. 그래서 두꺼운 옷에 대해 그다지 고려하지 않고 있었다. 세인트 킬다에 도착하기 전까지는 그래도 그럭저럭 견딜 만했다. 그러나 세인트 킬다는 달랐다. 바닷바람 칼바람에 마구 난도질을 당하는 기분이었다. 특히 은영이의 상처가 깊었다. 나는 은영이의 상처를 정성껏 치료해 주었다. 치료라는 것이 별것은 없었다. 그저 온갖 짜증을 다 받아 주는 것이었다. 우리는 그렇게 1시간 정도를 거닐었다. 그리고 전차를 타고 기차역으로 돌아왔다. 나중에 믹과 이런저런 대화를 나누던 중에 엄청 창피한 일을 당했다. 믹이 물었다.

"멜버른에서 뭘 했어?"

내가 당당하게 대답했다.

"스트리트 킬다에 갔어요."

"어디?"

"스트리트 킬다요."

그때까지 은영이와 나는 '세인트 킬다'를 '스트리트 킬다'로 알고 있었다. St. Kilda(스트리트 킬다)는 Kilda St.(킬다 스트리트)와 같은 말일 것이고, St.는 보통 Street(스트리트)의 약자니까. 믹이 한참 웃었다. 그리고 기회가 닿을 때마다 주위에 마구 전파했다.

아들레이드행 열차를 타러 갔다. 정시에 출발했다. 저녁 8시 20분이었다. 집으로 가는 마지막 여정이 시작되었다. 아들레이드에 도착하니 아침 8시 반이었다. 12시간 남짓 걸렸다. 역에서 택시를 타고 집으로 감으로써 우리의 여행이 모두 끝났다. 5월 15일에 떠나서 30일에 돌아왔으니, 딱 보름이 걸렸다. 보름 동안 우리는 많은 일을 겪었고, 현실을 깨달았고, 대자연을 맛보았다. 지금껏 우리의 삶에 지대한 영향을 끼치고 있는 보름이다. 참 험난하고 고생스러웠지만 이제는 모두 즐거운 추억으로 남아 있다. 여행이란 참 좋다. 특별히 나쁜 일이 일어나지 않는 한 모든 것이 추억이 된다. 힘들수록 더 큰 추억이 된다.

포트 헤들랜드를 떠난 지 3시간 만에 카라타에 도착했다. 13시간이 아니라 3시간이다. 도착하자마자 우리는 먼저 쇼핑센터에 가서 커피와 버거로 아침을 먹었다. 버거에는 계란과 베이컨만 들어 있었다. 우리가 계산했다. 믹과 베티가 한사코 말렸지만, 이번에는 우리도 물러서지 않았다.

필바라 홀리데이 파크
(Pilbara Holiday Park)

쇼핑센터를 나선 우리는 필바라 홀리데이 파크(Pilbara Holiday Park)로 갔다. 우리가 1박 2일 동안 묵을 곳이다. 필바라 홀리데이 파크는 캐러반파크, 호텔, 독채, 광부를 위한 숙소 등을 겸하고 있는 숙박업소다. 그러니까 어떤 형태의 숙박을 원하는 모두 해결될 수 있는 곳이었다. 이 중에 우리는 독채를 예약했다.

독채에 들어섰다. 방 2개, 부엌, 거실, 화장실, 목욕탕, 테라스, 테라스용 식탁과 의자, 차고, 세탁기, 다리미, 세면도구 등 정말로 모든 것이 구비되어 있었다. 우리는 커피부터 한 잔 마시면서 심신을 추슬렀다. 웨스턴오스트레일리아를 여행할 때는 이렇게 잠깐씩 숨을 돌리는 것이 매우 중요하다. 안 그러면 쓰러진다. 특히 이쪽 필바라 지역은 상상 이상으로 덥고, 뜨겁고, 굽고, 메마르고, 따갑기 때문에 쉬엄쉬엄 다녀야 한다. 쭉 나열해 놓고 나니까 전부 같은 뜻인 것 같네? 여하튼 그렇다는 말이다. 자, 이제 심신이 어느 정도 준비된 것 같으니까 본격적으로 카라타를 둘러보자.

카라타 가스플랜트와
스터츠 데저트 피
(Sturt's Desert Pea)

가장 먼저 찾아간 곳은 카라타 가스플랜트였다. 가면서 믹이 어떤 곳인지 설명해 주었다. 내용을 요약해 보면 다음과 같다.

카라타 가스플랜트는 노스웨스트 셀프 벤처(Northwest Shelf Venture)라는 회사가 운영하는 천연가스 생산 시설이다. 호주에서 제일 크고, 세계에서 몇 손가락 안에 드는 광구를 기반으로 한다. 이곳에서 생산되는 천연가스는 한국, 중국, 일본 등지로 수출되며, 특히 일본은 노스웨스트 셀프 벤처의 일부를 소유하고 있다.

믹의 설명을 듣는 동안 호주의 풍요로움에 대해 다시 한 번 생각하게 되었다. 광활한 염전을 지났다. 기나긴 기차가 지나갔다. 이까지는 포트 헤들랜드와 비슷했다. 우회전 한 번으로 풍경이 완전히 바뀌어 버렸다.

바다와 철도는 온데간데없이 사라지고, 자잘한 붉은 바위가 온 천지에 널려 있었다. 완전히 처음 접하는 세상이었다. 바위가 어떻게 이렇게 시뻘겋고, 조각조각 나게 되었을까? 자연이란 참 오묘하다. 감조차 못 잡겠다. 그렇게 시뻘건 세상을 10분 정도 통과했다. 그러자 저 멀리 거대한 가스플랜트가 눈에 들어오기 시작했다. 믹이 가스플랜트를 가리키며 말했다.

"저기야. 안에 홍보관이 있어. 거기를 둘러볼 거야."

홍보관이 있다고? 전망대도 있겠지? 무척 재미있을 것 같았다. 배울 것도 많을 것이다. 은영이와 나는 가스플랜트에서 취하게 될 많은 경험들에 대해 잔뜩 기대하게 되었다. 이윽고 가스플랜트에 도착했다. 그런데 출입 금지였다. 확인해 보니 홍보관은 화요일부터 금요일까지만 운영했다. 우리가 간 날은 하필 토요일이었다. 하는 수 없이 발길을 돌릴 수밖에 없었다. 차를 돌리는데, 도로변에 '스터츠 데저트 피(Sturt's Desert Pea)'가 한가득 피어 있었다. 한두 송이만 피어 있어도 눈길을 잡아끄는 꽃이 군락을 이루고 있으니 도저히 그냥 지나칠 수 없었다. 우리는 시동을 끄고 차에서 내렸다.

'스터츠 데저트 피'는 베티가 가장 좋아하는 꽃이다. 호주하면 우리가 가장 먼저 떠올리는 꽃이기도 하다. 호주에 첫발을 디딘 1997년 2월에 이 꽃이 사방에 피어 있었다. 생김새가 매우 특이하고, 매혹적인 이 꽃이 온데 피어 있는 것을 보면서 세상이 참 넓구나, 우리가 딴 세상에 오기는 왔구나 하는 것을 가슴 깊이 인식하게 되었다. 이는 분명히 건물이나 사람의 생김새가 이국적인 데서 오는 깨달음과는 차원이 달랐다. 자연이니까. 이후 여행 안내서, 광고지, 잡지 같은 것에서 이 꽃을 자주 접했다. 하도 자주 접하다 보니까 나중에는 이런 생각까지 들었다.

'호주의 국화인가?'

반은 맞는 말이다. 사우스오스트레일리아(South Australia)의 주화이다. 당시 우리가 있던 곳은 아들레이드이고, 아들레이드는 사우스오스트레일리아의 주도이고, 그래서 '스터츠 데저트 피'를 그렇게 흔하게 접할 수 있었던 것이다. 이번에 웨스턴오스트레일리아를 여행하면서도 '스터츠 데저트 피'를 많이 구경했다. 솔직히 웨스턴오스트레일리아의 '스터츠 데저트 피'가 사우스오스트레일리이의 '스터츠 데지트 피'보다 훨씬 고왔다. 아마 화단에 심겨진 꽃과 도로변에 자생하는 꽃의 차이일 것이다.

운 좋게도 군락 내에는 막 꽃을 피우기 시작한 '스터츠 데저트 피', 활짝 핀 '스터츠 데저트 피', 씨가 여물어 가는 '스터츠 데저트 피'가 모두 들어 있었다. 이런 다양한 '스터츠 데저트 피'를 보면서 문득 이런 생각이 들었다.

'그렇구나. 태어나서 살다가 죽는 모든 것에 우주가 들어 있구나. 이것을 시각으로 옮기면 미술이 되고, 글로 옮기면 문학이 되고, 분석하면 과학이 되고, 단순히 이용만 하면 경제가 되는구나.'

돌돌 뭉쳐진 새빨간 것이 아래위로 벌어지기 시작하면 개화였다. 있는 대로 펼쳐지면 만개였다. 중간 부분이 새까매지면 씨가 여무는 것이었다. 과정 하나하나가 참 경이로웠다.

가스플랜트를 떠났다. 그런데 돌아 나가지 않고 바로 옆에 있는 샛길로 접어들었다.

'어디로 가는 걸까?'

길이 이내 비포장도로로 바뀌었다. 그것도 그냥 비포장도로가 아니라 사륜구동이 아니면 가기 힘든 비포장도로였다. 어디 가고 있는지 묻기조차 힘들 만큼 차가 흔들렸다. 그렇게 1km쯤 들어가자 아담한 해변이 모습을 드러냈다. 믹이 차를 세웠다. 아하, 이 바다가 목적지였나 보다.

내려서 바다로 나갔다. 새하얗고 앙증맞은 모래밭이 세상 편하게 누워 있고, 그 양 끝에 붉은빛이 가미된 갯바위가 삐죽삐죽 솟아 있었다. 이들이 만나는 바다와의 경계를 따라 조개껍데기와 소라 껍데기가 셀 수 없이 널려 있고, 그 위로 필바라의 뜨거운 태양이 쉬지 않고 내리쬐고 있었다. 사람은 우리 넷뿐이었다. 나는 갯바위에 올라서서 표면을 쓰다듬어 보았다. 전해오는 촉감이 녹슨 닻 또는 폐선의 밑창 같았다. 자세히 보니 바닷물이 닿는 부분은 거무튀튀한 빛깔이고, 바닷물이 닿지 않는 부분은

붉은 빛깔이었다. 그래서 강철을 이용한 무슨 조각 작품 같은 느낌도 났다. 역시 이쪽 일대는 철광석 내지 철 성분이 지천인 모양이다. 한낱 갯바위에도 이처럼 강철의 느낌이 나니 말이다.

　수영을 즐기기는 어려워 보였다. 모래가 없는 부분은 죄다 단단하고 거칠고 날카로웠다. 녹슨 강철이 그러하듯이. 왼쪽으로 저 멀리 가스플랜트가 보였다. 다른 각도에서 바라보는 가스플랜트였다. 가끔 LNG선이 드나들었다. 가스플랜트 쪽으로 들어가는 배는 이만큼 떠서 가고, 나오는 배는 푹 잠겨서 나왔다. 당연한데도 신기하게 느껴졌다. 순서를 기다리는지 여러 척의 배가 저 멀리서 닻을 내리고 있었다. 결국 전부 돈일 것이다. 막연하게만 느껴지던 필바라의 풍요가 손에 잡힐 듯 명확해지는 기분이었다.

댐피어(Dampier),
포트 헤들랜드와
쌍둥이 같은 도시

해변을 떠났다. 다음 목적지는 댐피어(Dampier)였다. 왔던 길을 그대로 되짚어서 포장도로에 올라섰고, 잠시 후 큰 도로를 만났다. 좌회전하면 더 큰 도로로 나가는 길이고, 우회전하면 가스플랜트였다. 우리는 좌회전해서 달려 나갔다. 더 큰 도로를 만났다. 좌회전하면 카라타이고, 우회전하면 댐피어이고, 우리는 우회전을 했다. 그리고 댐피어에 도착했다.

댐피어는 포트 헤들랜드와 거의 쌍둥이 같은 도시다. 1960년대에 함께 탄생했고, 이유도 같은 철광석과 소금을 실어내기 위해 항구였다. 내륙에 있는 철광석 광산과 철도로 연결되어 있는 것도 같다. 그렇다면 댐피

111

어와 카라타의 관계는 어떻게 될까? 쉽게 말해 다음과 같다.

(ㄱ) 필바라 내륙 깊숙한 곳에서 철광석이 발견된다.
(ㄴ) 이를 반출하기 위해서 항구도시(댐피어)가 선다.
(ㄷ) 광산과 항구도시를 잇는 철도가 개설된다.
(ㄹ) 항구도시로 사람이 모이면서 땅이 모자라게 된다.
(ㅁ) 배후의 너른 땅에 신도시(카라타)가 선다.
(ㅂ) 배후 도시가 교통이 편리해서 더 크게 발전한다.

실제로 댐피어는 바다와 붙어 있고, 카라타는 댐피어의 20km 뒤에 있다. 큰 도로는 댐피어가 아니라 카라타를 관통하고, 카라타 주변으로 계속해서 대규모 택지 개발 사업이 진행되고 있다. 조금 전에 들른 그 가스플랜트처럼 천연가스까지 개발되면서 사람과 돈이 한 단계 많이 모여들고 있기 때문이다. 댐피어를 둘러보니까 실제로 택지로 개간할 만한 땅이 별로 없었다. 온통 경사지고 붉고 거칠었는데, 그래서 우리 같은 여행객에게는 더 아름답게 보여서 일부러 찾아가는 곳이 되었다. 바다도 있고.

댐피어에서 2시간을 보냈다. 그 2시간 동안 우리는 댐피어의 끝에서 끝까지 달렸고, 바닷가를 거닐었고, 전망대에서 도시의 전경을 감상했다. 특히 전망대에서 바라보는 도시의 전경이 아름다웠다. 높은 건물은 전혀 보이지 않고, 점점이 떠 있는 요트들 덕분에 휴양도시 느낌이 나면서도 철도, 염전, 대형 선박 등에서 산업항 느낌이 풍겼다. 상반되는 것들의 공존에서 오는 매력이었다. 여기에 앞서 말한 경사지고 붉고 거친 자연이 보태졌다. 댐피어라는 이름은 항구 앞에 산재한 42개의 섬, 댐피어 군도로부터 파생된 것이다. 댐피어 군도가 댐피어 군도인 이유는 1688년에 윌리엄 댐피어(William Dampier)가 서양인으로는 처음으로 군도에 발을 들여놓았기 때문이다. 나에게는 윌리엄 댐피어가 다른 방면으로 훨씬 큰 의미가 갖는 사람이다. '스터츠 데저트 피'를 식물도감에 등재한 사람이기 때문이다. 그는 '스터츠 데저트 피'를 댐피어 군도의 한 섬인 이스트 루이스 섬(East Lewis Island)에서 발견했다.

포인트 샘손(Point Samson),
위캠(Wicham)

댐피어를 떠났다. 다음으로 둘러볼 곳은 포인트 샘손(Point Samson)
이다. 지명에 포인트(Point)가 적혀 있으면 보통 '바다로 툭 튀어 나간 육
지'를 말한다. 우리말로 하면 '곶' 정도 되며, 그래서 포인트 샘손은 바다
로 튀어 나간 땅의 끝자락에 있다.

댐피어에서 포인트 샘손으로 가려면 우선 남서쪽으로 20km를 달
려가서 카라타로 가고, 거기서 좌회전해서 다시 40km를 달려서 로번
(Roebourne)으로 가고, 거기서 좌회전해서 다시 18km를 올라가야 한다.
즉 바다를 떠나 U자 모양으로 빙 돌아서 다시 바다로 와야 한다. 이 U자
의 서쪽 끄트머리에 댐피어가 있고, 동쪽 끄트머리에 포인트 샘손이 있
고, 각각 그 남쪽에 카라타와 로번이 있는 셈이다. 이는 우연히 이런 것이

아니라 역사적으로 다 그럴 만한 이유가 있는 배치다. 동쪽의 댐피어와 카라타는 각각 항구도시와 배후 도시로서 현재의 중심 지역에 해당하고, 서쪽의 포인트 샘손과 로번도 각각 과거의 항구도시와 배후 도시로서 19세기의 중심 지역이었다. 세월이 흐르면서 무게중심이 서쪽으로 옮겨 간 것뿐이다. 여기에 포인트 샘손과 로번 사이에 코삭(Cossack)이라는 곳이 추가된다. 포인트 샘손 이전에 번성한 항구도시로서, 쌓이는 모래로 수심이 얕아지는 바람에 모든 지위를 포인트 샘손에게 넘겨주었다. 당시 포인트 샘손을 통해 반출된 광물 가운데 나중에 카리지니 국립공원 편에서 이야기할 위트눔(Wittenoom)의 석면도 포함되어 있었다. 이후 철광석이 발견되면서 입지가 더 좋은 댐피어 쪽으로 철도가 놓였고, 경제의 중

심이 지금과 같이 바뀌게 되었고, 따라서 포인트 샘손은 항구도시가 아닌 휴양지로 다시 태어났고, 로번은 그대로 퇴락의 길을 걸었다.

카라타를 지났다. 로번을 지났다. 포인트 샘손에 들어서서 마을 끝까지, 곶 끝까지 곧장 달려갔다. 더 이상 차로 들어갈 수 없게 되자 내려서 걸었고, 결국 바닷가에 섰다. 대양을 향해 탁 트인 바다와 수천만 년의 세월이 아로새겨진 갯바위가 우리를 반겼다. 갯바위의 굴곡이 심오했다. 억겁의 세월이 남긴 자취였다. 나는 그 자취 위에 한번 올라서 보았다. 날 것 그대로의 세월이라서 그런지 무척 날카로웠다. 조심조심 내려와서 해변을 따라 걸었다. 왼쪽이었다. 곧 갯바위가 사라지고, 유려하게 굽은 백사장이 나타났다. 꼭 초승달 같았다. 우리는 초승달을 거니는 기분으로 백사장을 거닐었다. 모래가 어찌나 고운지 꼭 밀가루 같았다. 저 앞에서 한 낚시꾼이 낚시를 하고 있었다. 백사장 위에 서서 낚싯줄을 멀리, 아주 멀리 던지는 방식이었다. 우리는 천천히 낚시꾼 쪽으로 다가갔다. 가는 길에 우아! 한 마리를 낚았다. 우리는 종종걸음을 쳤다. 갈매기 서너 마리가 먼저 도착했다. 멀리서 낚시꾼을 예의주시하고 있다가 물고기가 낚였음을 감지하는 순간 바로 날아든 것이다. 어떻게 터득했을까? 참 신기하다. 도착해서 보니 그리 큰 물고기는 아니었다. 낚시꾼은 그것을 갈매기에게 주었다. 솔직히 은영이와 나는 이런 낚시를 왜 하는지 모르겠다. 낚시꾼 옆에 서서 조금 더 구경했다. 어느새 해가 뉘엿뉘엿 넘어가고 있었다. 이제 집으로 돌아가야겠다. 필바라 홀리데이 파크 말이다.

차에 올랐다. 카라타로 향했다. 중간에 위캠(Wicham)이라는 곳에 잠시 들렀다. 처음에는 흔한 광산 도시라서 그냥 지나치려고 했는데, 주택가 안쪽에 초대형 덤프트럭을 서 있는 것을 보고 급히 꺾어서 들어갔다. 곧장 초대형 덤프트럭 앞으로 갔다. 가서 보니까 광산에서 실제 사용하던 트럭을 퇴역 후 놀이터 옆에 전시해 두고 있었다. 마을의 집들이 대부분 단층이라서 거칠 것이 없었다. 덕분에 우리가 마을 밖에서 달리면서도 발견할 수 있었던 것이다. 위캠은 판나워니카(Pannawonica)라는 철광석 광산을 위해 조성된 광산 도시다. 광산의 주인은 호주 제2의 철광석 회사인 리오틴토(Rio Tinto)인데, 굳이 외울 필요는 없지만 앞으로 몇 번 더 언급될 회사이기에 굳이 모를 필요도 없다. 참고로 호주 제1의 철광석 회사는 포트 헤들랜드에서 'BHP 빌리턴 넬슨 포인트 여행'을 한 BHP 빌리턴이고, 제3의 철광석회사는 FMG이다.

필바라 홀리데이 파크로 돌아왔다. 잠시 쉰 후, 저녁을 사 먹으러 갔다. 독채에 조리 시설이 모두 있는데도 굳이 사 먹으러 나간 이유는 믹과 베티가 여행 중에 요리하는 것을 그다지 좋아하지 않기 때문이다. 그냥 편하게 다니고 싶은 것이다. 그래서 은영이는 믹, 베티와 다니는 여행을 무지 좋아한다. 나도 싫어하지는 않지만, 그래도 낭비라는 생각은 갖고 있다. 사 먹는 것이 낭비라는 뜻이 아니라 숙박 시설을 그에 맞추어서 잡아야 한다는 뜻이다. 해 먹을 것 같으면 조리 시설이 있는 급으로 예약하고, 해 먹지 않을 것 같으면 일반 급으로 예약하고 말이다.

우선 필바라 홀리데이 파크 내에서 찾아보기로 했다. 필바라 홀리데이 파크는 여행자를 위한 구역과 광부를 위한 구역이 명확히 구분되어 있었다. 그렇다고 완전히 분리된 것은 아니고, 조그만 문을 통해 왕래가 가능했다. 이는 반드시 필요한 왕래였다. 수영장, 식당, 매점 등 편의 시설 대부분이 광부 쪽에 모여 있었기 때문이다. 우리는 웬만하면 광부 쪽에서 저녁을 먹고, 정 마땅한 곳이 없으면 차를 끌고 밖으로 나갈 것이다. 큰 뷔페식당이 영업 중이었다. 가격을 물어보니 투숙객에 한해 할인이 컸다. 이것만 해도 충분히 혹하는데 여기에 다 먹고 나갈 때 지정된 팩 하나에 음식을 싸 들고 갈 수 있는 권리까지 추가되어 있었다. 즉 다음 날 1끼까지 덩달아 해결되는 셈이다. 우리는 당연히 이곳에서 저녁을 먹기로 했다.

음식도 괜찮았다. 고급스럽지는 않았지만 그래도 맛있었다. 우리는 다들 배꼽이 튀어나오도록 먹었다. 다 먹고 나서 팩을 채울 때, 은영이와 나는 누가 더 팩을 꽉꽉 채우나 시합을 벌였다. 믹과 베티는 우리의 경쟁을 보며 재미있어 함과 동시에 창피해 했다. 이러한 분위기를 감지한 은영이는 꽉꽉 채우기를 멈추었고, 나는 그래도 끝까지 치즈로 빈틈을 메움으로써 승리했다. 이렇게 싼 팩 4개를 방에 가져와서 냉장고에 넣어 둔 후 다음 날 점심으로 먹었다. 꿀맛이었다.

자러 들어가기 전에 잠시 TV를 시청했다. AFL(Australian Football League) 경기였다. 중간에 TV를 보고 있는 4명의 모습을 사진에 담았다. 그런데 이 사진 한 장 때문에 배꼽이 빠지는 줄 알았다. 사진 속에서 믹의 주요 부위 부근이 유난히 튀어나와 보였다. 바지가 그렇게 접힌 것이라서 은영이와 나는 대수롭지 않게 넘겼는데, 베티가 갑자기

"What is this?" (이게 뭐야?)

하며 사진 속 그것을 한 번 가리키고는 옆에 앉아 있는 믹의 그 부위를 엄지와 검지로 꽉 집는 것이 아닌가! 순간 믹이 깜짝 놀라며 어리둥절해 했고, 그 표정이 너무 웃겨서 정말로 배를 잡고 데굴데굴 굴렀다. 웃음이 어느 정도 잦아들었을 즈음 내가

"I need to check, too." (나도 확인을 해야겠어요.)

하면서 믹의 주요 부위와 사진을, 그리고 내 주요 부위와 사진을 하나하나 비교하는 시늉을 했다. 그러자 다시 한 번 뒤집어졌다. 덕분에 아주 기분 좋게, 편안히, 깊이 잠들 수 있었다. 웃음이 보약이었다.

로번(Roebourne)에서
호주 원주민에게
동병상련을 느끼다

날이 밝았다. 눈을 뜨니 아침 8시였다. 너무 늦게 일어났다. 새벽에 일어나서 뒷산에 오르려 했는데 포기다. 어떻게 이렇게 늦게 일어날 수 있었을까? 여행 중이라면 늘 꼭두새벽에 깼는데 말이다. 나중에 필바라 홀리데이 파크를 떠날 때 은영이가 뒷산을 바라보며 후회하듯 말했다.

"올라가 볼걸."

"진작 말하지!"

진작 말했으면 내가 쌍코피를 터뜨리는 한이 있더라도 어떻게든 끌고가 주었을 텐데. 거실로 나갔다. 믹과 베티가 이미 나와 있었다. 잠을 깨우면서 커피를 한잔했다. 다 마신 후 아침 식사를 준비했다. 베티가 하겠다는 것을 은영이가 강제로 빼앗다시피 해서 계란을 굽고, 베이컨을 굽고, 그것을 버거용 빵에 끼웠다. 전날 사 먹은 것과 완전히 동일한 버거였다. 베티는 그래도 총책 비슷하게 지켜보면서 거들었고, 믹과 나는 테라스에 앉아서 잡지를 뒤적이며 입맛을 다셨다. 우리 남자들은 정말로 일상이 돌아가는 데는 그다지 쓸모가 없는 것 같다. 만약 평화로운 시대가 지속되리라는 보장만 있으면 씨로 쓸 것만 남겨 두고 확 다 없애 버려도 되지 않을까? 버거 4개가 완성되었다. 테라스에서 먹으면서 이번 여행과 다음 여행에 대해 대화를 나누었다. 믹과 베티는 다음 여행으로 유럽을 계획하고 있었다.

다 먹고 짐을 싸서 길을 나섰다. 오전이 거의 다 갔다. 카라타를 떠나기 전에 쇼핑센터에 들러서 제니가 부탁한 KFC 치킨을 샀다. 깜짝 놀랄 정도로 비쌌다. 베티가 차근차근 설명해 주었다.

"모든 것이 남쪽보다 비싸. 여기는 완전히 고립된 지역이거든. 사람들이 일하러 오지 않으려니까 임금을 더 줘야 해. 그리고 물건을 싣고 오기도 힘든 곳이야."

하기는 맥주 한 병도 1000km가 넘게 떨어진 곳에서 가져와야 하는 곳이다. 이번 여행에서 우리가 주로 마신 맥주는 사우스오스트레일리아(South Australia)에서 생산된 것이었다. 그래서 맥주병에 이런 문구가 적혀 있었다.

'빈병은 SA(South Australia)에서만 반환 가능.'

그러니까 빈병을 반환하고 보증금을 받으려면 수천 km가 떨어진 사우스오스트레일리아까지 갖고 가야 한다는 뜻이었다. 어떤 방법을 사용하든 간에 손해일 것이다.

카라타를 벗어났다. 동쪽으로 40km를 달려서 로번에 도착했다. 어제 포인트 샘슨과 위캠을 돌아볼 때 지나친 곳이다. 앞서 설명한 바와 같이 로번은 과거 이 일대의 중심 도시였다. 그래서 근처 어디에서도 볼 수 없는 옛 감옥이 존재하고, 지금은 박물관(Roebourne Visitor Center and Old Gaol Museum)으로 사용되고 있다. 우리는 이 박물관부터 가 보기로 했다.

박물관에 도착했다. 안으로 들어갔다. 입구에 기부함 같은 것이 놓여 있고, 그 위에 이런 문구가 적혀 있었다.

금색 동전으로 원하는 만큼 넣어주세요. (Gold coin donation)

입장료가 없는 듯 있다는 뜻이었다. 거꾸로 있는 듯 없다는 뜻도 된다. 여기서 말하는 '금색 동전(Gold coin)'은 2호주달러짜리를 말한다. 1호주달러짜리 그런 것 말고 2호주달러짜리로 넣어 달라는 주문이었다. 호주에는 이런 식으로 입장료가 없는 듯 있고, 있는 듯 없는 곳이 참 많다. 이런 박물관에 들어갈 때마다 우리는 거쳐야 하는 수순이 있었다. 바로 믹과 베티의 실랑이였다. 베티는 늘 사람 수보다 많게 2호주달러짜리 동전을 넣고 싶어 했고, 믹은 늘 한두 개만 넣으면 되지 왜 그렇게 많이 넣느냐며 투덜거렸다. 사람 수보다 동전이 적은 경우가 특히 문제였다. 베티는 지폐를 바꾸어서라도 어떻게든 내려 했고, 믹은 있는 대로만 넣고 들어가자고 했다. 승자는 늘 베티였다. 이날도 2호주달러짜리 동전을 탈탈 읽어서 넣은 후에야 들어갈 수 있었다. 뒤에서 믹이 구시렁거렸다.

"차에 있는 동전을 안 가져온 것이 얼마나 다행인지 모르겠어."

은영이와 나는 믹 편이었다. 그만큼 넣을 필요는 없을 것 같은데.

박물관에 들어섰다. 먼저 웨스턴오스트레일리아에 관한 동영상부터 시청했다. 모두 여행지에 관한 내용이었다. 한쪽에 여행 자료가 가득 비치되어 있었다. 다들 동영상을 시청하는 동안 나는 물 만난 물고기처럼 여행 자료를 살펴보았다. 여행 자료만 보면 막 기분이 좋아지는 나다. 여행 자료의 그곳에 가고 싶어서 그러는 것이 아니라 여행에 관한 자료라는 사실만으로 막 흥분된다. 이날도 마찬가지였다. 나는 괜찮다 싶은 자료를 몽땅 챙겼다. 그리고 박물관을 돌아다니는 내내 그것을 들고 다니느라 팔이 빠지는 줄 알았다. 그 자료들은 지금 내 방 책꽂이에 서호주라는 이름으로 고이 진열되어 있다. 이미 짐작했겠지만 내 방 책꽂이는 각국의 여행 자료들로 가득 채워져 있다. 거의 꺼내 보지는 않지만 진열되어 있는 자체만으로 무한한 행복을 주는 나의 새끼들이다.

동영상이 끝났다. 우리는 본격적으로 박물관을 둘러보러 나섰다. 박물관은 크게 세 구역으로 나뉘어 있었다. 처음 둘러본 구역은 옛 감옥 자체에 관한 자료가 전시되어 있는 감방이었다. 전시물 가운데 가장 큰 비중을 차지하는 것은 흑백사진이었는데, 주로 백인 이주자와 호주 원주민과 중국 이주자의 당시 일상이었다. 전시물들을 찬찬히 살펴보다 보니 나도 모르게 마음이 무거워졌다. 당시 감옥이라는 것이 어쩌면 지금의 교도소 같은 곳이 아니라 호주 원주민을 탄압하기 위한 수단 같은 것으로 느껴졌기 때문이다. 로번 사람들도 이처럼 느끼고 있다는 증거로서 한 전시

물 아래에 다음과 같이 적혀 있었다.

감옥에 수감되었던 백인은 딱 한 명이었다.

그러니까 이 감옥에 수감되었던 죄수를 통틀어서 단 한 명을 제외하고
는 모두 호주 원주민이었다는 뜻이다. 자연스럽게 일제강점기의 우리나
라 감옥과 독립투사들의 관계가 연상되었다. 환경이 다르고, 방법이 다
르고, 생긴 것이 달라서 그렇지 결국 우리나라의 독립투사나 호주의 원
주민이나 다들 살기 위한 몸부림이었고, 자유와 정당한 대우를 위한 투
쟁이 아니었을까? 필바라 지역에 금이 발견되면서 백인들이 물밀듯이 밀
려들었다.

이는 자연스럽게 호주 원주민의 삶에 재앙으로 작용했다. 백인은 호주 원주민을 잡아다가 거의 노예처럼 다루었다. 사고파는 산업이 횡행했을 정도다. 이에 반항하는 호주 원주민을 가두기 위해 교도소를 세웠다. 그래도 부족한 인력은 중국 이주자로 채워졌다. 당시 중국 이주자의 지위는 백인과 호주 원주민의 딱 중간이었다. 이러한 역사적 배경으로 볼 때, 현재 호주 정부에서 제공하고 있는 호주 원주민들에 대한 각종 혜택은 올바른 정책이다. 그런데 믹과 베티는 우리와 다른 시각을 갖고 있었다. 다름이 느껴질 때마다 본능적으로 섭섭함을 느꼈다. 그렇다고 반박할 수는 없었다. 우리가 호주에 살고 있지 않는 이상, 그 안에서 일어나는 일들을 깊이 이해한다는 것은 불가능하기 때문이다. 호주 원주민을 위한 정책이 어떠한 폐단을 낳고 있는지, 호주 원주민이 어떠한 문제들을 일으키고 있는지 우리는 잘 모른다. 그저 역사적으로, 거시적으로, 감성적으로 보아서 동병상련을 느낀다는 말이다.

전시물 가운데 로번의 변천사를 10년 단위로 화보처럼 꾸며 놓은 것이 있었다. 100년의 일상이 몇 장의 화보 안에 고스란히 담겨 있었다. 보는 재미가 쏠쏠하면서도 아래와 같이 인생무상이 느껴졌다.

'아웅다웅하며 살아 봐야 고작 저기서 여기까지구나. 결국 공수래공수거였어.'

이어서 다음과 같이 거창하게 의미도 부여해 보았다.

'로번이라는 작고 고립된 공간의 변화상으로 확인하는 현대 문명의 미시적 발자취.'

그런데 한 가지 아쉬운 점은 100년의 화보에 로번의 어두운 면이 전혀

담겨 있지 않았다. 하기는 누구나 자신의 사진첩에는 밝은 면, 예쁜 면, 좋은 면만 담고 싶어 할 것이다. 이해한다.

두 번째 구역을 둘러보러 갔다. 두 번째 구역은 19세기 초반부터 현재까지 로번 사람들이 어떻게 살아왔는지를 보여 주는 방이었다. 옛날에 직접 사용하던 물건이 전시되어 있고, 아울러 초기 정착민들의 삶이 투영된 사진들이 걸려 있었다. 그런데 첫 번째 구역에서 확인된 내용들 때문인지 전시물들이 영 곱게 보이지 않았다. 결국에는 호주 원주민들의 삶을 망가뜨린 주역들의 이기들이니까. 물론 초기 정착민들의 삶도 매우 고달팠을 것이다. 하지만 호주 원주민처럼 억울하지는 않았을 것이다.

세 번째 구역을 둘러보러 갔다. 야외였다. 초기 정착민들이 사용하던 여러 덩치 큰 기계들 내지 도구들이 실물 그대로 전시되어 있었다. 그리고 주변에서 발견되는 여러 종류의 암석들이 보기 좋게 진열되어 있었다. 그런데 우리는 얼른얼른 지나칠 수밖에 없었다. 볼거리가 부족한 것도 아니요, 시간이 없는 것도 아니요, 화장실이 급한 것도 아니었다. 이유는 미치도록 강렬한 햇볕 때문이었다. 찬찬히 둘러보다가는 그대로 타버릴 것 같았다.

이쯤 둘러보고 박물관을 떠났다. 다음 목적지는 하딩 댐(Harding Dam)이었다.

하딩 댐(Harding Dam)과
풍카리야라 호수(Lake Poongkaliyarra)

　박물관을 나선 우리는 하딩 댐을 향해 달려갔다. 하딩 댐은 하딩 강(Harding River)을 막아서 로번과 그 일대에 물을 공급하는 댐으로서 1985년에 건설되었다. 위치는 로번의 남쪽으로 황무지를 관통하는 비포장도로 28km이다. 새삼스러울 것은 없었다. 아웃백은 원래 그러하니까.

　핏빛 먼지를 일으키며 신나게 달렸다. 비포장도로는 갈림길 하나 없이 뻗어나갔다. 그 옆으로 철도도 갈림길 하나 없이 가까워졌다 멀어졌다, 만났다 헤어졌다 하며 이어졌다. 달리는 동안 높낮이의 변화가 전혀 없었다. 그래서 이런 땅 어디쯤에 댐이 들어서 있는지 무척 궁금했다. 한참 달리자 저 멀리 나지막한 언덕 하나가 솟아났다. 댐이 들어설 만한 곳은 전혀 아니었다. 그런데 차가 나아감에 따라 보는 방향이 바뀌더니, 나지

막한 언덕이 긴 산줄기로 변신했다. 그리고 그 산줄기 중앙에 회색빛의
무엇인가 있었다.

'뭐지?'

댐인지는 모르겠다. 그러나 인공인 것만은 분명했다. 나는 눈을 게슴
츠레 뜨고 집중했다. 계속해서 차가 다가갔다.

'아!'

댐이었다. 댐이 봉우리와 봉우리 사이를 옹골차게 메우고 있었다. 회
색빛이 무척 도드라져 보였다. 언덕 일대가 온통 필바라 특유의 핏빛이
다 보니 더욱 그렇게 보였다. 가까워질수록 핏빛과 회색빛의 대비가 강
해졌다. 순간 의문이 생겼다.

'어디에서 저런 돌을 가져왔을까?'

멀리서 캐 오지는 않았을 텐데. 달리고 달려서 손에 잡힐 듯 가까워졌
다. 근접해서 보니 단순한 회색빛이 아니라 연청빛이 감돌고 있었다. 덕
분에 핏빛과 더욱 날카롭게 대립각을 세웠다. 오른편으로 갑자기 호수가
등장했다. 풍부한 수량에 울창한 수풀이 있고, 온갖 새가 날아다녔다. 카
라타를 떠나서 지금껏 황무지밖에 보지 못했는데 이런 별천지가 숨겨져
있었다니. 표지판이 나타났다. 'Waranoolar Pool(와라눌라 호수)'와 'Picnic
Area(피크닉 에어리어)'가 표시되어 있었다. 지나치면서 믹이 말했다.

"나중에 여기서 점심을 먹자."

도로가 비스듬히 댐을 오르기 시작했다. 금방 다 올랐다. 이어서 산비
탈을 조금 더 올라갔고, 반시계 방향으로 빙 돌아서 댐 바로 옆으로 갔고,
널찍한 주차장이 있어서 그곳에 차를 세웠다. 댐이 빚어 낸 거대한 호수

가 눈앞에 펼쳐졌다.

차에서 내렸다. 모든 빛깔이 훨씬 선명해졌다. 깊이를 알 수 없는 푸른 빛이 독보적인 매력을 발산하고 있었다. 만약 이 댐과 푸른 물을 그대로 우리나라에 갖다 놓는다면 그저 그런 댐과 호수 중에 하나일 것이다. 하지만 이곳은 웨스턴오스트레일리아의 황무지 한중간이다. 그래서 아름다움을 넘어서 신령한 기운마저 감돌았다. 이러한 호수에 이름이 없으면 신령님 모독일 수 있다. 그래서 풍카리야라 호수(Lake Poongkaliyarra)다. 발음도 어렵고, 뜻도 모르겠지만 호주 원주민의 언어인 것은 확실하다. 필바라에는 호주 원주민의 말이 많이 남아 있다. 보전하기 위해 애쓰고 있기도 하다.

댐 쪽으로 걸어갔다. 작열하는 태양이 우리를 열렬히 환영했다. 댐 위에 올라섰다. 그대로 반대편 끝까지 걸어갔다가 돌아왔다. 오가는 동안 한쪽으로는 아래로 내려다보는 와라눌라 호수와 그 뒤에 펼쳐져 있는 아웃백이 우리의 시선을 잡아끌었고, 다른 한쪽으로는 넘실대는 큰물인 풍카리야라 호수와 그를 둘러싼 핏빛 봉우리들이 우리의 시선을 사로잡았다. 양쪽 모두 웨스턴오스트레일리아의 보석처럼 느껴졌다.

댐 위를 거니는 동안 직접 핏빛 비탈을 만져 볼 수 있었다. 예상대로 온통 까슬까슬했다. 마치 녹슨 것처럼 그렇게. 진짜로 녹이 슨 것은 아닐 테지만 감촉만큼은 정말로 녹이 슨 그것 같았다. 안쪽에 짜개진 지 얼마 안 된 바위가 있어서 속살도 만져 볼 수 있었는데, 신기하게도 훨씬 덜 까슬까슬하고 회백색이었다. 정말로 공기와 만나면 산화 과정 같은 것을 거치는 것일까? 더 이상은 나의 한계를 넘어서기에 이쯤에서 말머리를 돌

린다.

하딩 댐 주변으로 전망대가 3곳 정도 있었다. 우리는 일일이 올라가서 풍경을 구경했다. 각 전망대에서 바라보는 세상은 그야말로 맑았다. 파란 하늘과 파란 물은 말 그대로 파랗고, 하얀 댐과 하얀 구름은 말 그대로 하얗고, 붉은 대지와 붉은 산은 말 그대로 붉었다. 모든 것이 자신의 색채를 오롯이 발산하고 있었고, 그것들이 온전히 날아와서 우리의 망막을 자극했다. 공기도 공기 그대로의 공기였다.

댐을 떠났다. 믹이 말한 대로 와라눌라 호수 옆 소풍 장소에 가서 점심을 먹었다. 어제 저녁에 담을 때는 각자의 팩에 각자의 도시락을 담았지만 먹을 때는 중간에 펴 놓고 나누어 먹었다. 우리에게는 이것이 익숙한 방식인데, 믹과 베티에게도 익숙했는지는 모르겠다. 남은 음식을 쓰레기

통에 버리려니까 믹이 말했다.

"저쪽에 던져 놓으면 새들이 와서 먹을 거야. 새들은 뭐든 다 먹거든."

은영이와 나는 남은 음식을 모아서 조금 떨어진 곳에 던져두고 지켜보았다. 어떻게 알았는지 새들이 날아와서 물고 갔다. 참 신기했다. 계속 우리를 주시하고 있었을까? 물고 가는 모습이 참 귀여웠다.

다시 길을 나섰다. 로번을 거쳐서 곧장 포트 헤들랜드로 달렸다. 하딩 댐에서 포트 헤들랜드까지는 250km였다. 포트 헤들랜드에 도착하니 어느덧 오후 5시가 넘어 있었다.

ESS 웨지필드 빌리지(ESS Wedgefield Village)에서의 뒤풀이

사우스 헤들랜드 캐러반파크에 도착했다. 짐을 풀고, 옷을 갈아입고 캐러반파크를 나섰다. 스티브와 주디를 만나기로 되어 있었다. 일종의 뒤풀이 같은 것이었다. 조금 늦을 것 같아서 전화를 해 두고 서둘러 간다고 갔는데, 중간에 길을 잘못 드는 바람에 30분이나 늦게 도착했다. 약속 장소는 ESS 웨지필드 빌리지(ESS Wedgefield Village)였다. 밝을 때 가도 헷갈리는 웨지필드 길을 어두워지고 나서 가니까 정말로 이 길이 이 길 같고, 저 길이 저 길 같았다.

ESS 웨지필드 빌리지에 도착했다. 스티브와 주디가 앞에서 기다리고 있었다. 입구가 전혀 식당 같지 않아서 물어보니까, 이곳 또한 카라타에서 묵은 필바라 홀리데이 파크(Pilbara Holiday Park)처럼 광산 노동자들을 위한 숙박 시설을 겸하고 있다고 했다. 그러니까 숙박업소 내에 구내 식당이 있고, 숙박하는 사람은 저렴하게 또는 공짜로 먹는 대신 우리 같은 일반인은 제값을 내고 먹는 식이다. 음식의 질이 괜찮아서 포트 헤들랜드에서는 꽤 유명한 식당이라고 했다. 필바라 홀리데이 파크와 비교해 보았을 때 음식의 질은 이곳이 조금 나았다. 대신 그곳에서는 다음 날 점심을 위한 도시락 한 통을 싸 나갈 수 있게 되어 있었다. 이것이 정말 큰 매력이었다.

선불이었다. 베티가 계산했다. 우리가 계산하려 했는데 베티가 워낙 완강하게 거부하는 바람에 어쩔 수 없었다. 이럴 때 절대로 우기면 안 된다. 계속 우겼다가는 베티가 불같이 화를 낸다. 그런데 계산하는 동안 문화적인 충격을 조금 받았다. 이제는 익숙해질 법도 한데 여전히 깜짝깜짝 놀라게 된다. 계산할 때 우리 넷이 앞에 있고, 스티브와 주디가 뒤에 서 있었는데 베티가 대뜸

"네 명이요."

이러는 것이 아닌가! 순간 나도 모르게 목 뒷줄이 서늘해지고, 본능적으로

'이래도 되나? 스티브와 주디가 섭섭해 하지 않을까?

하는 걱정이 들었다. 호주에서는 이것이 정석이다. 이미 알고 있는데도 여전히 놀라는 것은 우리의 정석이 아니기 때문이다. 우리의 정석은 나중에 돈을 따로 받을 값이라도 함께 계산하고 보아야 하지 않을까? 스티브와 주디가 이어서 자기 것을 계산했다. 혹시 선남선녀가 연애할 때도 이렇게 계산할까? 믹에게 물어보았다.

"믹, 연애할 때도 이렇게 따로 계산해요?"

그러자 믹이 너무 많은 경우가 있어서 대답을 못 하겠다고 했다. 하기는 남녀 관계가 어디 천편일률적일까? 우리만 해도 그렇다. 연애 시절에 주로 돈을 낸 쪽은 은영이였다. 은영이는 대학 시절 내내 아르바이트를 해서 돈을 벌었고, 나는 옆에서 운전사 겸 경호원 겸 짐꾼 겸 빈대 역할을 했기 때문이다. 내가 낸 적도 있는데, 그것은 고작 설날이나 추석 직후뿐이었다. 그때는 호주머니에 돈이 조금 있었기 때문이다. 이외에도 혹시 내가 낸 적이 있는가 싶어서 열심히 고민해 보았지만 없었다. 이쯤에서 변명을 하나 하자면, 연애 시절부터 우리는 내 돈, 네 돈이 없었다. 지금 억지로 가르려니까 이렇게 초라해지는 것이지, 그때는 당당하게 함께 벌고 함께 썼다.

정말 배터지게 먹었다. 과식하지 말아야지 했는데, 입맛에 맞는 것만 골라서 맛본다는 것이 종류가 원체 많다 보니 그렇게 되었다. 저녁을 먹는 동안 대여섯 명의 한국인을 보았다. 다들 대학생처럼 보였고, 또래 친구들 같았다. 그중 둘은 이 식당에서 일을 하는지 종업원 복장이었다. 나머지는 손님으로 찾아와서 노는 것 같았다. 전체적으로 누구의 환송회 같은 분위기였고, 남녀가 적당히 섞여 있었고, 다들 생기발랄했다. 이상하게 마음 한구석이 아련했다. 특히 철없는 모습이 비칠 때 그랬다. 그 속에 은영이와 나의 대학 시절이 투영되어 있었기 때문이다.

'우리도 저렇게 철이 없었을 테지?'

우리 인생에 지대한 영향을 끼친 아들레이드 시절의 우리도 스물셋, 스물넷이었다. 다들 아무쪼록 포트 헤들랜드에서 많은 경험을 쌓고, 좋은 추억을 만들고, 미래를 함께 했으면 좋겠다. 그리고 만약 사귀고 있는 남녀가 있다면 부디 결혼까지 순탄하게 갔으면 좋겠다. 그래야만 포트 헤들랜드에서의 나날이 미래를 위한 자양분이 될 수 있으니까. 포트 헤들랜드에서의 시간이 아픈 기억으로만 남으면 인생의 황금기가 너무 아깝다. 이날 이후 우리는 이들을 보지 못했다. 그러고 보니 이들 외에 한국인 자체를 본 적이 없는 것 같다. 이는 한국인이 없어서라기보다 아마 믹과 베티랑 늘 함께하다 보니 동선이 달라서일 것이다.

식당을 나섰다. 2차 없이 헤어졌다. 즐거운 시간이었다. 돌아와서 믹과 베티는 바로 자러 들어가고, 우리는 씻고 공부를 조금 하다가 뻗었다. 공부를 위한 공부는 아니었다. 배를 꺼주기 위한 공부였다.

4
카리지니 국립공원

카리지니 국립공원으로 떠나기 전날 저녁, 우리는 요트클럽에 가서 카리지니 국립공원 지도책을 빌렸다. 스티브와 주디 것이었다. 내비게이터가 있기는 해도 전체적인 그림을 그리는 데는 아무래도 지도책이 편할 것이다. 캐러반파크로 돌아와서 믹과 베티가 싸웠다. 이유는 이 자리에 옮기기조차 겸연쩍을 정도로 사소한 것이었다. 발단은 새로 산 바비큐 기계였다. 믹이 설치하면서 물었다.

포트 헤들랜드에 있는 동안 우리는 3박 4일 일정으로 카리지니 국립공원(Karijini National Park)을 여행했다. 카리지니 국립공원은 필바라의 대표적인 자랑이다. 필바라 지역을 여행함에 있어서 카리지니 국립공원을 빼면 여행이라는 단어가 성립되지 않는다고 볼 수 있다.

카리지니 국립공원으로 떠나기 전날 저녁, 우리는 요트클럽에 가서 카리지니 국립공원 지도책을 빌렸다. 스티브와 주디 것이었다. 내비게이터가 있기는 해도 전체적인 그림을 그리는 데는 아무래도 지도책이 편할 것이다. 캐러밴파크로 돌아와서 믹과 베티가 싸웠다. 이유는 이 자리에 옮기기조차 겸연쩍을 정도로 사소한 것이었다. 발단은 새로 산 바비큐 기계였다. 믹이 설치하면서 물었다.

"베티, 불판을 식용유로 닦아야 하지 않을까?"

"아니, 안 닦아도 될 것 같아."

"닦아야 할 것 같은데?"

"그럴 거면 도대체 왜 내게 물어?"

이후부터 대화가 꼬이기 시작하더니, 결국 냉전으로 치달았다. 우리는 늘 그랬던 것처럼 분위기를 전환시키기 위해 노력했다. 한국에서건, 호주에서건 반드시 이런 일이 생긴다. 믹과 베티에게 안 생기면 은영이와 내게 생긴다. 결국 풀렸고, 식용유로 닦아서 맛있게 바비큐를 해 먹었다. 지금 생각해 보면 이는 더 멋진 카리지니 국립공원 여행을 위한 액땜이자 전야제였던 것 같다. 이런 살가운 기억에 자꾸만 눈두덩이 뜨거워진다. 믹과 베티가 보고 싶다.

오스키 로드하우스(Auski Roadhouse)와
FIFO(Fly In Fly Out)

기다리고 기다리던 다음 날이 되었다. 카리지니 국립공원으로 떠나는 날이다. 우리는 짐부터 꾸렸다. 일사분란하게 필요한 것들을 차에 실었는데, 실리는 것들의 면면을 보면서 혀를 내둘렀다. 탁자, 의자, 차양은 기본이고, 각종 주전부리와 음료수와 맥주를 차량용 냉장고에 꽉꽉 채우고, 일상에서 쓰던 가재도구를 전부 챙기고, 비상시를 위해 차량용 특수 무전기까지 점검했다. 이는 우리나라 사람이 생각하는 여행과 호주 사람이 생각하는 여행이 그만큼 다르다는 뜻이다.

호주를 여행한다는 말은, 특히 아웃백을 여행한다는 말은 최소한 100km는 달려야 조그만 주유소 겸 식당 하나가 달랑 있는 구간을 수백 km씩 통과해야 한다는 말이다. 그 사이사이는 과장 하나 없이 쉼터 하나, 그늘 하나를 찾기 힘든 땅이다. 그래서 스스로 쉼터 준비, 그늘 준비를 하는 것이다. 실제 예를 한번 들어볼까? 멀리서 찾을 필요도 없이 이날 우리가 달린 길만 훑어보면 된다. 포트 헤들랜드를 떠난 우리는 270km를 달리고 나서야 겨우 주유소 겸 식당 겸 모텔을 하나 만났다. 오스키 로드하우스(Auski Roadhouse)였다. 지도에는 마치 소도시 내지 마을이 있는 것처럼 동그랗게 표시되어 있었지만, 결국 고속도로 휴게소 같은 곳이었다. 이곳 외에는 정말로 270km 동안 아무것도 없었다. 그리고 오스키 로드하우스를 떠나서 다시 150km를 달리고 나서야 겨우 도시다운 도시인 톰 프라이스를 만날 수 있었다. 이 150km 동안에도 역시 황무지뿐이었다. 그러니까 포트 헤들랜드를 떠나서 톰 프라이스까지 420km를 달리는 동안 오직 오스키 로드하우스 한 곳에서만 다리를 펴고 쉴 수 있었다는 뜻이다.

이후 우리는 다시 80km를 달려서 파라버두에 도착했다. 이 구간은 황무지일 뿐만 아니라 도로에 차도 거의 다니지 않았다. 종합해 보면, 집을 나서서 270km를 달리니까 기름 한 방울, 물 한 방울, 그늘 한 점을 얻을 수 있는 곳이 있었고, 다시 150km를 달리니까 기름 한 방울, 물 한 방울, 그늘 한 점을 얻을 수 있는 곳이 있었고, 다시 80km를 달리니까 기름 한 방울, 물 한 방울 그늘 한 점을 얻을 수 있는 곳이 있었다는 말이다. 여기까지는 그래도 포장도로이고, 도시와 도시를 연결하는 도로라서 양반인 편이다. 비포장도로, 여행지를 잇는 도로까지 계산에 넣으면 상황은 더욱 열악해진다. 이러니 아무것도 안 챙겨서 떠나면, 그러니까 돈이나 신용카드를 넣었다고 전부 챙겼다고 착각하고 떠나면 목숨이 위태로운 상황을 맞을 수 있다. 이는 우리가 직접 경험해서 잘 안다. 앞서 카라타 편에서 이야기한 바로 그 '아웃백을 떠돌던 추억'이다.

들뜬 마음으로 포트 헤들랜드를 떠났다. 전날 저녁의 냉전은 완전히 가셨다. 이런 것을 두고 칼로 물 베기라고 하는 것이겠지? 오스키 로드하우스까지 가는 동안 우리는 죽은 캥거루 1마리, 죽은 소 4마리, 죽은 큰 새 2마리를 목격했다. 모두 도로 위에서 비명횡사한 놈들이었다. 다시 한 번 말하지만 호주는 대단한 나라다. 좋고 나쁘고, 좋고 싫고, 좋고 안 좋고를 떠나서 무조건 대단한 나라다. 어떻게 270km 동안 인간의 자취라고는 고작 포장도로와 가끔 등장하는 자동차와 마찬가지로 가끔 등장하는 전깃줄과 울타리밖에 없을까? 울타리는 목장용이었다. 호주에서는 소를 광활한 대지 위에 풀어놓고 키운다. 어떤 목장에서는 도로를 따라 울타리를 치고, 어떤 목장에서는 그냥 내버려 둔다. 베티의 오빠가 목장 일을 해서 어느 정도 깊은 이야기를 들을 수 있었는데, 베티가 해 준 말 중에는 이런 것도 있었다.

"가끔 소를 찾기 위해 헬리콥터가 동원되기도 해."

이쯤 되면 호주를 굳이 이해하려 들고 싶지 않다. 같은 인간 세계지만 분명히 우리의 이해 너머에 존재한다. 가끔 소가 도로를 건너고 있었다. 그때마다 속력을 줄여야 했다. 가끔 도로 위에 그냥 서 있기도 했다. 그때는 거의 서다시피 하며 천천히 지나가야 했다. 자칫하면 큰 사고로 이어진다. 우리가 본 죽은 소 4마리도 모두 이런 사고로 죽었을 것이다. 이 말은 즉 4대의 차가 크게 충격을 받았다는 뜻도 된다. 낮보다 밤이 더 위험하다. 시야가 좁기도 하고, 동물들이 불빛을 보고 뛰어들기도 한다. 그래서 믹은 무조건 해가 있을 때 움직였다.

270km 내내 사방이 평평했다. 그래서 조그만 굴곡만 보여도 신기해하며 사진을 찍었다. 넷이서 함께 수다를 떨고, 주전부리를 먹고, 노래를 부르며 달렸다. 노래 중에는 'I still call Australia home'을 가장 많이 불렀다. 우리가 가장 사랑하는 곡이자, 호주만 생각하면 자동으로 흥얼거리게 되는 곡이다. 가사는 이렇다.

I've been to cities that never close down
from New York to Rio and old London town,
but no matter how far or how wide I roam
I still call Australia home.

I'm always traveling, I love being free,
and so I keep leaving the sun and the sea,
but my heart lies waiting over the foam.
I still call Australia home.

All the sons and daughters spinning 'round the world,
away from their family and friends,
but as the world gets older and colder,
it's good to know where your journey ends.

But someday we'll all be together once more
when all of the ships come back to the shore.
Then I realize something I've always known.
I still call Australia home.

가사만 따라 읽어도 우리는 눈시울이 붉어지고, 가슴이 뭉클해진다. 다시 한 번 말하지만 내 고향은 대구이고, 은영이의 고향도 대구이지만, 우리의 고향은 호주다.

오스키 로드하우스에 도착했다. 주차장에 들어서자 붉은 먼지가 엄청 날렸다. 필바라 특유의 핏빛 먼지였다. 차에서 내려서 건물 안으로 들어갔다. 커피와 음료수를 주문할 때 나도 모르게 쓸데없는 말을 했다.

"믹, 커피와 음료수는 우리 차에도 많잖아요?"

아침에 낑낑대면서 그 많은 커피와 음료수를 차량용 냉장고에 실었는데 굳이 따로 사 먹는 이유는 무엇일까?

"이렇게 사 먹어야 안에서 쉴 수 있어."

아, 그렇구나. 그런데 어쩌면 믹과 베티라서 팔아 주었는지도 모르겠

143

다. 믹과 베티는 남에게 조금이라도 피해가 가는 행동을 하지 않는다. 휴게소에서 휴식을 취했으니 그만큼의 보답을 해야 한다는 식이다. 우리는 잘 안 그러는데. 사 먹는 척하면서 그냥 쉬는데.

각자 자기 커피와 음료수를 들고 자리에 앉았다. 휴게소 곳곳에 'FIFO'라는 글자가 많이 보였다. 전면에 'FIFO'라고 크게 적힌 티셔츠도 있고, 컵도 있고, 번호판도 있고, 실내 장식물도 있고. 내가 뼛속까지 공과 대학이라서 'FIFO'를 보는 순간 큐(Queue)가 가장 먼저 떠올랐다. 정보 저장 방식 가운데 먼저 넣은 정보가 먼저 나오는 구조를 말한다. 이러한 방식을 선입선출이라고 하고, 영어로는 'First In First Out'라고 쓰고, 약자로 FIFO가 된다. 이와 반대되는 방식으로 스택(Stack)이라는 것이 있다. 나중에 넣은 정보가 먼저 나오는 구조로서 과자 프링글스(Pringles)를 생각하면

쉽다. 반쯤 씹다가 도로 담아 놓으면 다음 사람은 무조건 그 반쯤 씹은 것을 먹게 되어 있고, 이렇게 말하게 되어 있다.

"과자가 왜 이렇게 축축해?"

그런데 웨스턴오스트레일리아의 황무지 한중간에서 정보 저장 방식이 언급될 리 만무하다. 분명히 다른 뜻이 있을 것이다. 그래서 우리는 자연스럽게 'FIFO'에 대해 이야기를 나누게 되었다. 믹과 베티의 설명에 따르면 'FIFO'는 'Fly In, Fly Out'의 약자다. 직역하면 이렇다.

날아들어서, 날아간다.

이러한 글자가 휴게소 곳곳에 적혀 있는 이유를 설명하려면 먼저 이일대에 산재한 광산 이야기부터 해야 한다. 앞서 언급한 것처럼 웨스턴오스트레일리아의 북부 지역을 필바라라고 한다. 우리가 향하고 있는 카리지니 국립공원도 필바라에 속한다. 필바라 일대는 대부분 황무지이고, 이 황무지에서 1960년대에 대규모 철광석 광맥들이 발견되었다. 철광석을 캐려면 광부가 필요하다. 황무지 한중간으로 광부를 끌어오기 위해서는 안락한 거주 공간과 큰돈을 제공해야 한다. 이 때문에 철광석 회사는 광산과 다소 떨어진 곳에 괜찮은 숙소를 대량으로 짓고, 그곳에서 의식주를 해결할 수 있도록 해 주면서 임금까지 듬뿍 주게 되었다.

숙소를 중심으로 점차 도시가 형성되게 되고, 이런 식으로 BHP 빌리턴의 뉴먼(Newman), 리오틴토의 톰 프라이스(Tom Price)와 파라버두(Paraburdoo) 같은 광산 도시가 생겨나게 되었다. 물론 이외에도 많은 광산 도시가 황무지 곳곳에 박혀 있다. 그런데 이들 도시의 경기는 생각만큼 그리 좋지 않다. 왜냐하면 대부분의 광부가 광산에서 번 돈을 광산 도시에서 쓰지 않고 퍼스, 시드니, 멜버른 같은 대도시에서 쓰기 때문이다.

이는 어쩌면 당연하다. 세상과 거의 단절되다시피 한 곳이라서 유행과 거리가 멀고, 모든 물자를 먼 곳에서 들여와야 해서 비쌀 수밖에 없고, 무엇보다 함께할 가족이 대부분 대도시에 남아 있다. 회사 또한 이러한 사실을 잘 알기에 휴일 정책을 특이하게 운용하고 있다. 매주 이틀씩 쉬는 것이 아니라 3주를 내리 일한 후 1주를 몽땅 쉬는 식이다. 광부들이 조금이라도 더 마음 편하게 가족과 함께할 수 있도록 한 배려다. 문제는 광산에서 일하지 않으면서 광부의 돈이 필요한 사람들이다.

도시가 활력이 넘치고, 규모가 커지려면 광부들의 소비가 절대적으로 필요한데, 많은 광부들이 그러지 않으니까 'FIFO'라는 단어를 써 가면서까지 비꼬는 것이다. 어떤 문구에는 'FIFO' 옆에 'Fit In or Fuck you'라는 괴상한 의미까지 부여해 두고 있었다. 군이 해석하면 이렇다.

정착해라. 그러지 않으면 너는 (온갖 쌍소리를 덧붙여서)나쁜 놈이다.

오스키 로드하우스에 있는 동안 은영이와 내가 'FIFO'라는 단어를 입에 올릴 때마다 믹과 베티는 목소리를 낮추라며 신경을 썼다. 그만큼 이쪽 지역에서는 민감한 문제인 것이다.

잘 쉬었다. 자리를 치우고 차로 돌아갔다. 오스키 로드하우스를 떠나서 톰 프라이스를 향해 내달렸다. 황무지 150km였다.

필바라에서 산불이란?
그리고 대형차(Oversize)란?

남쪽으로 30km쯤 달려가자 갈림길이 나왔다. 우회전해서 서쪽으로 향했다. 황무지가 계속되었다. 차이가 있다면 지금까지는 온 세상이 평지에 가까웠지만, 이제부터는 굴곡이 어느 정도 깔려 있었다. 그래서 황량함이 다소 누그러뜨려져 보였다.

저 멀리 산에서 하얀 연기가 피어올랐다. 연기 사이로 빨간 불도 보였다. 심상치 않았다. 은영이와 내가 다급하게 소리쳤다.

"믹, 저기 산불이 났어요. 어떡해요?"

믹과 베티가 아주 태연하게 대답했다.

"보통이야. 원래 그래."

원래 그렇다고? 원래 불이 난다고? 하기는 지금껏 도로 주변에 검게 그을린 나무가 부지기수였다. 그래서

'원래 주기적으로 불을 놓나 보다.'

하고 넘어갔다. 그런데 나중에 톰 프라이스에서 산불에 관한 안내문을 읽고 정말 어이가 없었다. 내용이 하도 낯설어서 웃길 지경이었는데, '산불이 났을 때의 요령'이라고 적어 놓고는 '즉각 신고해라. 얼른 꺼라. 끄는 방법은 이렇다.' 이런 내용이 적혀 있는 것이 아니라 '걱정마라. 원래 그렇다. 위험하지 않고, 환경에도 해가 없다.' 이런 내용이 적혀 있었다. 그러니까 한마디로 산불이 나면,

'그냥 가던 길을 가라. 구경이나 해라. 정 위험하다 싶으면 조심해라.'

이런 식인 것이다. 덧붙여서 아래에 '호주 남부는 산불이 나면 위험하지만, 북부는 산불이 나도 불을 확산시킬 만한 매개체가 없기 때문에 안전하다'고 적혀 있었다. 세상에 무슨 이런 나라가 다 있을까? 역시 세상은 요지경이다.

가끔 앞뒤에 크게 'OVERSIZE'라고 써 붙인 화물차를 만나기도 했다. 딱 보기에도 대형인데 이렇게 'OVERSIZE'라고 특별히 붙이고 다니는 이유는 초대형이기 때문이다. 이런 차를 추월할 때면 우리는 갓길을 포함해서 달려야 했다. 마주 올 때도 마찬가지로 갓길까지 나가 주어야 했다. 이런 초대형 화물차는 절대로 혼자 달리는 법이 없었다. 앞뒤에 항상 일반 차가 한 대씩 붙어 있었고, 이들 차에는 특별히 Pilot(파일럿)이라고 적혀 있었다. 믹이 말하기를 이런 파일럿 일도 아무나 하는 것이 아니라고 했다. 전문 회사가 따로 있고, 달리면서 주기적으로 교신해야 하고, 달리는 데에도 일정한 규칙이 있다고 했다. 그러면서 파일럿이란 직업이 끝내준다고도 했다. 주급도 세고, 일도 안 힘들고, 무엇보다 재미있다면서. 하지

만 이는 어디까지나 믹이나 나처럼 장거리 운전과 돌아다니는 것을 즐기는 사람에게나 해당되는 말일 것이다.

한번은 'OVERSIZE' 차를 추월하면서 교신하는 내용을 들어 보았다. 믹 차에 온갖 주파수를 다 잡는 수신기가 달려 있어서 가능했다. 이들은 "차가 온다.", "차가 추월한다.", "차가 간다." 등의 기본적인 교신 외에 끊임없이 농담하고, 시시덕대고, 장난치고, 웃고, 떠들었다. 믹의 말대로 장거리 운전을 좋아하고, 돌아다니는 것을 좋아하고, 시시덕대기를 좋아하는 사람에게는 정말로 최고의 직업 같았다. 이런 'OVERSIZE'의 화물 가운데 가장 인상 깊었던 것은 집이다. 단독주택 1채를 세 조각내서, 3대가 나누어 싣고는 줄지어 달렸다.

 그 들판이 그 들판이고, 그 풀이 그 풀이고, 그 흙이 그 흙인 풍경이 이어졌다. 그러다가 저 멀리 우뚝 서 있는 산 하나가 나타났다. 주변이 온통 평지여서 가히 독보적인 존재였다.

 "믹, 저 산이 무슨 산이에요?"

 "모르겠는데."

 지도를 펴 보았다. 마운틴 브루스(Mountain Bruce)였다. 해발 1235m로서 웨스턴오스트레일리아에서 두 번째로 높은 산이고, 호주 원주민들은 푸누룬하(Punurrunha)라고 부르고, 정상까지 왕복 6시간이 걸린다고 적혀 있었다. 우리는 이날 마운틴 브루스를 스쳤다. 그리고 다음 날도, 다다음 날도, 그 다음 날도 마운틴 브루스를 스쳤다. 워낙 광활한 필바라이다 보니 수십 km 밖에서도 눈에 확 띄었고, 그래서 이번 카리지니 국립공원 여행의 길잡이 역할을 톡톡히 해 주었다. 참고로 웨스턴오스트레일리아에서 가장 높은 산은 마운틴 미해리(Mountain Meharry)로서 해발 1251m이며, 같은 카리지니 국립공원에 속해 있고, 마운틴 브루스에서 남동쪽으로 62km가량 떨어져 있다. 이번 여행에서 보지는 못했다.

서진이 계속되었다. 오른편으로는 카리지니 국립공원의 유명한 산줄기가 수십 km째 이어졌고, 왼편으로는 끝없이 펼쳐진 평원 한중간에 마운틴 브루스가 홀로 서 있었다. 지금 우리가 달리고 있는 도로는 카리지니 드라이브(Karijini Drive)로서 카리지니 국립공원을 남북으로 양분하고 있다. 도로 표지판이 나타났다. '우회전, 데일스 협곡(Dales Gorge)'과 함께 '카리지니 국립공원 여행 안내소'가 표시되어 있었다. 조금 더 달려가자, 이번에는 '우회전, 위노 협곡(Weano Gorge)'과 함께 '카리지니 에코리트리트(Echo Retreat)'가 표시되어 있었다. 우리는 어디에도 들르지 않고 곧장 직진했다. 잘못하면 밤길을 달릴 수 있기 때문이다. 앞서 이야기한 것처럼 아웃백의 밤길은 생각보다 위험하다.

마운틴 브루스가 등 뒤로 물러남과 동시에 도로가 왼쪽으로 굽었다. 잠시 후 철도를 건넜다. 그리고 바로 이어서 삼거리를 만났다. 좌측으로 가면 마란두(Marandoo) 광산이고, 우측으로 가면 톰 프라이스였다. 우리는 우측으로 갔다. 이후 철도와 나란히 달렸다. 광산을 위한 철도였다. 필바라에는 사람을 위한 철도가 거의 없다. 이제 톰 프라이스까지 40km 정도 남았다. 믹이

"눈 깜박하는 사이에 갈 수 있는 거리야."

하고 말했다. 우리랑은 정말로 거리의 단위가 달랐다.

톰 프라이스(Tom Price)

톰 프라이스에 도착했다. 포트 헤들랜드로부터 총 420km를 달려왔
다. 중간에 오스키 로드하우스에서 잠깐 쉰 것을 제외하고는 한 번도 서
지 않았다. 우리는 점심부터 먹으러 갔다. 무엇을 먹을지는 이미 정해져
있었다. 은영이와 내가 가장 좋아하는 피시 앤드 칩스(Fish and chips)였
다. 이번에는 우리가 돈을 내기로 했다. 그런데 점심값을 낸다고 말하기
위해서 얼마나 많은 고심을 했는지 모른다. 전날 울워스(Woolworths)에
서 쇼핑을 할 때, 너무 많이 나온 것 같아서 마지막에

"저희가 낼게요."

하고 돈을 불쑥 내밀었더니 베티가 크게 놀랐는지 언짢은 기색으로

"너희가 돈을 왜 내느냐? 한국에서는 너희가 다 내지 않았냐. 이런 데

서 이런 실랑이를 하기 싫다."

하면서 화를 냈다. 처음에는 예의상 그러는 줄 알고 한 번 더 내려고 했는데, 그것이 그만 분위기를 더 심각하게 만들고 말았다. 우리는 다시는 그러지 않겠다고 살살 빎으로써 사태를 수습할 수 있었다. 그래서 이번에는 톰 프라이스를 얼마 남겨 놓지 않은 지점에서 이렇게 조심스럽게 운을 뗐다.

"You are respectfully asked to allow for us to pay for the fish and chips."

믹과 베티가 엄청나게 웃었다. 아니, 그렇게 웃긴 표현인가? 베티가 안된다고 했다. 나는 다시 한 번 이렇게 말했다.

"You are respectfully asked to say yes."

믹과 베티가 다시 한 번 크게 웃고는 허락해 주었다. 용법이 맞는지 어떤지는 모르겠지만 여하튼 해결되었으니까 되었다. 내가 사용한 이 표현은 언젠가 5성급 호텔에 갔을 때 손님에게 금연 구역임을 알리는 안내문을 보고 응용한 것이다. 문법이 복잡해서 긴가민가했는데, 웃기기는 해도 원칙적으로는 맞는 표현인가 보다.

식당에 들어섰다. 주문한 피시 앤드 칩스가 나왔다. 양이 엄청났다. 웬만해서는 음식을 남기지 않지만 칩스를 반 이상 남겼다. 피시도 겨우 다 먹는 판에 칩스까지는 무리였다. 아깝지만 그대로 버렸다. 싸 가도 눅눅해져서 먹기 싫을 것이다. 바로 옆에 콜스(Coles)라는 대형 마트가 있어서 들렀다. 그곳에서 빵, 버섯, 치즈 등을 샀다. 그리고 도로 건너에 있는 여행 안내소로 갔다. 그곳에서 이것저것 알아본 후 다음 날 아침에 출발하는 '리오틴토 철광석 광산 여행(Rio Tinto Iron Ore Mine Tour)'를 예약했다. 이로써 톰 프라이스에서 해야 할 일이 모두 끝났다. 이제 파라버두를 향해 떠나야 한다. 우리의 잠자리가 예약되어 있는 곳이다. 파라버두까지는 80km였다. 시간을 계산해 보니까 한 곳 정도는 들렀다 갈 수 있었다. 어디가 좋을까? 마운틴 네임리스(Mountain Nameless)가 선택되었다. 지금까지는 사실 아웃백 깊숙이 들어오기 위한 여정이었다. 이제부터가 진짜로 아웃백을 즐기는 여행이다. 자, 출발하자!

마운틴 네임리스(Mountain Nameless), 웨스턴오스트레일리아의 최고 전망대

마운틴 네임리스. 우리말로 억지로 번역하면 '무명산'쯤 된다. 참 무성의한 이름이 아닐 수 없다. 그런데 이는 어디까지나 서양인 정복자들의 관점에서 그렇다. 호주 원주민들은 이미 이 산에 이름을 붙여 놓았으니, 잔드룬문나(Jamdrunmunhna)이다. 뜻은 '바위왈라비(Rock wallaby)가 사는 곳'쯤 된다. 높이는 해발 1128m이다. 웨스턴오스트레일리아에서 세 번째로 높다. 그렇다고 걱정할 필요는 없다. 정상까지 차로 올라갈 수 있기 때문이다. 그래서 '세 번째로 높은 산' 외에 늘 따라다니는 수식어가 하나 있다. 웨스턴오스트레일리아에서 차로 올라갈 수 있는 가장 높은 곳이자 가장 높은 전망대! 단, 사륜구동만 가능하다. 다행히 우리 차는 사륜구동이었다. 참고로 웨스턴오스트레일리아에서 가장 높은 산과 그 다음으로 높은 산은 앞서 이야기한 것처럼 마운틴 미해리와 마운틴 브루스이다. 각각 해발 1251m와 1235m이다.

중심가를 벗어났다. 도시가 작아서 금방 벗어날 수 있었다. 마운틴 네임리스의 웅장한 자태가 눈앞에 나타났다. 여행 안내서에서 본 자료에 3km라고 적혀 있더니 정말로 그랬다. 다가가는 동안 자태를 찬찬히 살펴보았다. 그런데 아무리 보아도 차가 올라갈 만한 길이 보이지 않았다. 나는 지도를 펴서 살펴보았다. 뒤편으로 길이 나 있었다.

마운틴 네임리스에 거의 다 가서 삼거리를 만났다. 직진하면 지금까지 달려온 마인 로드(Mine Road)가 이어지고, 우회전하면 네임리스 밸리 로드(Nameless Valley Road)였다. 우리는 네임리스 밸리 로드 쪽으로 꺾었다. 이름이 벌써 마운틴 네임리스 산을 부르고 있으니까. 철길을 건넜다. 마운틴 네임리스가 왼편에 있었다. 곧 좌회전을 해야 한다는 뜻이다. 왼편에 널찍한 주차장이 있었다. 한번 들어가 보았다. 비포장도로가 이어졌다. 계속 들어가 보았다. 길이 산 쪽으로 이어졌다. 맞는 것 같았다. 그런데 다가갈수록 느낌이 이상했다. 마주 보이는 것이 그냥 절벽이었다. 좌우를 아무리 살펴보아도 길이 따로 있지 않았다. 한참을 들어가서야 아뿔싸, 찻길이 끊기고 등산로가 시작되었다. 억울하지만 차를 돌려야 했다.

돌아 나가서 다시금 산 쪽으로 향하는 도로로 들어섰다. 마찬가지로 비포장도로였다. 그런데 이번에는 도로가 빙그르르 도는가 싶더니, 우리를 비정형 타원형 궤도에 가두었다. 두 바퀴쯤 돌고 나서 결론을 내렸다.

"자동차경주용 궤도 같아."

더 이상은 길이 없었다. 우리는 하는 수 없이 네임리스 밸리 로드로 돌아 나갔다. 그리고 조금 더 달리면서 진입로를 찾아보았다. 광부용 숙소가 나오고, 공터가 나오고, 산과 멀어져 갔다. 차를 돌렸다. 이제 산이 오른편에 있게 되었다.

"처음부터 다시 찾아보자."

우리는 마인 로드로 되돌아갔다. 가는 길에 킹스 레이크(King's Lake)에 들렀다. 계획에는 없었지만 킹스 레이크 또한 톰 프라이스의 유명한 관광지이고, 기왕 이렇게 스치게 되었으니 잠시 들르기로 했다.

주차장에 차를 세워 놓고 걸어 들어갔다. 다행히 가까운 곳에 호수가 있었다. 사다새 한 마리가 산책로에서 쉬고 있다가 우리의 출현에 긴장

하기 시작했다.

'저놈들은 뭐지?'

우리가 계속 자기 쪽으로 다가가자,

'어? 어? 이런!'

하면서 호수 안으로 뛰어들었다. 가까이서 보고 싶었는데 아쉬웠다. 물가로 가 보았다. 가만히 떠있던 사다새가

'왜 이렇게 끈질겨? 어휴, 귀찮아.'

하는 몸짓으로 호수 중앙을 향해 멀어져 갔다. 호숫가를 쉬엄쉬엄 돌아보았다. 황무지 한중간에 있는 것 치고는 물이 참 맑고 푸르렀다. 인공 호수 느낌이 전혀 나지 않을 정도로 자연과도 잘 어울렸다. 그늘도 좋고, 쉼터도 좋았다. 하지만 길게 시간을 보낼 수는 없었다. 마운틴 네임리스가 내려다보고 있었기 때문이다.

마인 로드에 도착했다. 좌회전하면 톰 프라이스이고, 우회전하면 광산

이었다. 둘 다 아니기에 180도로 돌았다. 그리고 바로 발견했다, '좌회전, 마운틴 네임리스' 표지판. 믹이

"이런 것을 왜 놓쳤지?"

하면서 좌회전해 들어갔다. 바로 넓은 주차장이 펼쳐졌다. 그 너머로 도로가 이어졌다. 아까는 과하게 넓은 주차장 때문에 길이 없다고 착각한 것이다. 주차장도, 도로도 모두 비포장이었다. 우리는 비포장도로를 따라 달렸다. 곧고 널러서 시속 80km는 너끈히 낼 수 있었다. 웨스턴오스트레일리아에서는 이런 도로를 마다하면 안 된다. 볼거리의 10분의 1도 못 즐긴다. 오른편으로 마운틴 네임리스가 서 있었다. 왼편으로 철길이 나란히 나 있었다. 잠시 후 도로가 오른편으로 굽기 시작했고, 동시에 철길과는 작별이었다. 한 굽이를 크게 돌자, 도로 옆에 큰 경고판이 서 있었다.

사륜구동이 아니면 절대 올라가지 마라. 낮에만 올라가라. 그냥 올라갔다가 내려와야지 스포츠를 즐기려 하지 마라.

모두 수용하고 통과했다. 잠시 후 도로가 산을 오르기 시작했다. 믹이 차를 세우더니 사륜구동으로 전환시켰다. 이후부터는 엉덩이로 전달되는 느낌이 차가 아니라 로봇이었다. 달리는 것이 아니라 숫제 산을 쥐고 엉금엉금 기어오르는 것 같았다. 처음으로 제대로 느껴보는 사륜구동의 힘이었다. 다행히 오르막이 그리 길지는 않았다. 총 20분쯤 걸렸다. 중간에 고비가 5군데 정도 있었다. 사륜구동이 아니면 절대로 통과할 수 없는 구간이었다. 이쯤에서 한 가지 꼭 밝혀 두고 싶은 것이 있다. 우리가 산을

오르는 모습은 TV 선전 같은 곳에 나오는 그런 땅을 박차고 튕기듯 돌진하는 모습이 아니라 그저 조심조심 기어 올라가는 모습이었다. 다소 비굴하게 보일지언정 훨씬 안전한 방식이었다.

정상에 가까워지자 군데군데 전망대가 마련되어 있었다. 우리는 전망대마다 차를 세워서 구경했다. 개중에는 노천광이 한눈에 내려다보이는 전망대도 있었다. 난생 처음 접한 노천광의 장엄한 풍경! 실로 놀라운 광경이 아닐 수 없었다. 이처럼 광활한 공사판이라니. 산을 통째로 깎은 것도 모자라서 그만큼 깊이 파 들어갔다. 다시 말해 산 모양 그대로 음각하고 있는 셈이었다. 이러한 작업은 광맥이 끊길 때까지 계속 될 것이고, 광맥이 끊기고 나면 앞산을 또 파 들어갈 것이다. 다음 날 우리는 이 노천광을 '리오틴토 철광석 광산 여행'에서 속속들이 둘러볼 수 있었다. 그 이야기는 나중에 그때 가서 하기로 하고 넘어간다.

정상에 거의 다다랐다. 길이 오히려 좋아졌다. 어느 순간 차창 밖으로 땅이 몽땅 사라지고 하늘만 남았다. 더 이상 오를 곳이 없다는 뜻이다. 곧 길이 끝났다. 동시에 땅도 끝났다. 믹이 차를 세우며 말했다.

"That's it!"

다 왔다는 뜻이다. 나는 뛰어내리다시피 내렸다. 발을 디딤과 동시에 정상 정복이었다. 차로 올라온 해발 1128m였다. 기분이 묘했다. 산 아래로 그림 같은 풍경이 펼쳐졌다. 역시 올라온 보람이 있었다. 웨스턴오스트레일리아에서 차로 오를 수 있는 최고의 전망대라더니, 이름값을 톡톡히 했다. 가까이로는 마운틴 네임리스가 품은 계곡들이 제 속살을 속속들이 드러내고 있었고, 멀리로는 많은 산과 많은 구름과 이들이 만나는

지평선이 그렇게 아름다울 수 없었다. 한마디로 대자연이라는 단어에 딱 들어맞는 풍경이었다. 특히 구름의 존재가 인상적이었다. 보는 순간 이런 생각이 들었다.

'그래, 포트 헤들랜드에서는 구름을 한 점도 못 보았구나.'

진짜였다. 주위가 온통 평평해서 그런지 하늘이 오직 푸르기만 했다.

저 멀리 톰 프라이스의 도심도 한눈에 들어왔다. 더도 말고, 덜도 말고 딱 손바닥만 한 터에 건물들이 촘촘히 박혀 있었다. 저 손바닥만 한 곳에서 온갖 사건이 일어나고, 희로애락이 진행된다고 생각하니 인간사가 여간 가소롭게 느껴지지 않았다. 한편 해발 1128m에서 내려다보는데도 톰 프라이스가 별로 낮아 보이지 않았다.

'해발 1128m가 이렇게 낮은 높이였나?'

싶었는데, 이는 착각이었다. 나중에 알고 보니 톰 프라이스 자체가 해발 747m로서 웨스턴오스트레일리아에서 가장 높은 곳에 위치한 도시였다. 어쩐지 마운틴 네임리스를 오르는데 그다지 높게 느껴지지 않더라니. 포트 헤들랜드에서 전혀 볼 수 없던 구름을 이곳에서 볼 수 있는 것도 같은 이유일 것이다. 옆에서 믹과 베티도 연신

"Nice!"

하며 감탄에 감탄을 거듭했다. 딱 하나, 노천광 쪽 풍경은 이곳보다 바로 아래에 있는 전망대가 훨씬 나았다. 그러니까 아래에 있는 전망대라고 해서 그냥 지나치면 안 되는 뜻이다. 정상 자체는 그다지 볼거리가 없었다. 오두막집 한 채가 그나마 긴장감을 불어넣었지만 그뿐이었다. 높이 솟아 있는 안테나들도 정상 풍경에 흠집을 내고 있었다.

이제 내려가야겠다. 잠자리가 톰 프라이스였으면 조금 더 즐겨도 되겠지만, 파라버두인 이상 내려가서 달려야 한다. 올라온 길을 그대로 되짚어서 내려갔다. 믹은 내려갈 때도 사륜구동을 이용했다. 원래 그래야 한다고 했다. 험한 구간을 다 통과하고 나서야 사륜구동을 풀었다. 엉덩이가 훨씬 편해졌다. 로봇 위에 올라앉아 있다가 차를 타고 달리는 기분이었다. 비포장도로에 들어섰다. 잠시 후 일반 도로에 들어섰다. 그리고 곧장 파라버두를 향해 내달렸다. 톰 프라이스까지 갈 필요 없이 중간에 길이 갈라졌다.

파라버두(Paraburdoo)

황무지가 80km나 이어졌다. 과장 하나 없이 여기서 저까지 자를 대고 쭉 그으면 도로가 되는 땅이었다. 진실로 아무것도 없었다. 띄엄띄엄 보이는 도로 표지판이 반가울 정도였다. 표지판의 내용도 황무지에 딱 어울리는 것들이었는데, 대략 캥거루 조심, 소 조심, 우기에 물에 잠기는 구간 같은 것이었다. 아! 가끔 100km 이상 달리면 딱지를 끊는다, 파라버두까지 몇 km가 남았다는 등 일반적인 것이 있었다. 이따금 길가에 진짜 소가 등장하기도 했다. 그럴 때면 은영이와 나는 우아! 우아! 하며 열광했는데, 실제로 흥분되기도 했지만 솔직히 반 이상은 단조로움에 대한 반발이었다.

파라버두에 거의 도착할 즈음, 오른편에 조그만 공항이 나타났다. 눈이 번쩍 뜨였다. 조그만 공항 하나 때문에 풍경이 확 달라지거나 도로가 복잡해지지는 않았지만, 황무지에 익숙해질 대로 익숙해지는 바람에 밋밋해질 대로 밋밋해진 감동이 깔끔하게 쇄신되었다. 공항을 스치는 동안 여러 시설물과 비행기를 구경했다. 그만큼 공항이 가깝고, 평평한 땅에 조성되어 있었다. 비행기는 딱 한 대였다. 꼬리날개에 빨간 캥거루가 선명했다. 콴타스항공이다. 앞서 언급한 것처럼 콴타스항공은 우리를 설레게 하는 이름이다. 우리가 처음 탄 비행기이자, 이 비행기가 이끌어 준 곳에서 믹과 베티를 만났기 때문이다. 콴타스는 우리 둘의 빛나던 청춘을 상징한다. 참고로 이 공항은 파라버두 공항이다. 파라버두에서 10km쯤, 톰 프라이스에서 70km쯤 떨어져 있다. 톰 프라이스에서도 이 공항을 주로 이용한다. 어떻게 아느냐 하면 콴타스항공 기내지에 파라버두 공항은 있어도 톰 프라이스 공항은 없고, 톰 프라이스 여행 안내소에 파라버두 공항행 버스 시간표가 붙어 있었다. 그리고 우리는 이 공항을 하늘에서 본 적이 있다. 퍼스에서 포트 헤들랜드로 날아가는 동안 창밖을 보다가 황무지 한중간에 공항이 있는 것을 보고,

'아니, 주변에 황무지밖에 없는데 웬 공항이 있지?

하며 의아해했다. 파라버두는 전혀 보이지 않았다. 도시의 풍광과 황무지의 풍광이 너무 비슷했나 보다. 덧붙여서 공항 근처에 보이던 숲, 그러니까

'저기만 푸르네?

했던 곳이 바로 카리지니 국립공원이었다.

파라버두에 도착했다. 마운틴 네임리스를 떠난 지 40분 만이었다. 먼저 주유소에 들러서 기름부터 채웠다. 직원에게 파라버두 인(Paraburdoo

Inn)이 어디에 있는지 물어보니까, 바로 맞은편에 있는 건물을 가리켰다. 나중에 파라버두에 익숙해지고 나서 안 사실인데, 파라버두에는 사실 파라버두 인 말고는 딱히 숙박 시설이라고 할 만한 것이 없었다. 쭉 둘러보니까 있는 것이라고는 광부를 위한 연립주택, 몇 채 안 되는 일반 주택, 공원, 상업 지역 정도였다. 이들 가운데 중심을 차지하고 있는 것은 상업 지역이었고, 그 옆에 공원이 있었다. 아, 맞다! 외곽에 자동차극장도 있었다. 한날 저녁에 호텔 앞에 차들이 길게 줄지어 있어서 물어보니까 자동차극장에 입장하는 줄이라고 했다. 즐길 거리가 한정되어 있다 보니 새로운 영화 한 편이 걸리면 동네 사람이 죄다 모이나 보다. 참고로 파라버두는 톰 프라이스보다 10년 정도 늦은 1972년에 세워진 광산 도시이다. 그리고 앞서 위캠에서 언급한 것처럼 두 도시 모두 리오틴토라는 철광석 회사에 의지하고 있다.

기름을 다 넣었다. 파라버두 인으로 갔다. 주차장에 차를 대고 사무실로 가 보니 문이 잠겨 있었다. 직원을 찾아 이리저리 돌아다녔다. 보이지 않았다. 마지막으로

'설마.'

하면서 부속 술집에 들어가 보았다. 이른 시간인데도 많은 사람이 술을 마시고 있었다. 잘 못 알아들어서 그렇지 거친 욕이 난무하고 있는 것 같기도 했다. 종업원에게 물어보았다. 그러자 술집에서 바로 입실 수속을 밟으면 된다고 했다. 설명인 즉, 오후 3시까지만 사무실에서 일을 하고 이후는 술집에서 호텔 업무를 본다고 했다. 참 합리적인 방법이기는 한데, 직원 입장에서도 그런지는 모르겠다. 다음 날 저녁에 수건이 모자

라서 받으러 갈 때도 우리는 술집에 가서 받았다. 더욱이 방 안에는 이런 안내문까지 붙어 있었다.

'토요일과 일요일에는 방을 치우지 않습니다.'

이쯤 되면 평범한 호텔이 아닌 것만은 확실한 것 같다.

믹과 베티는 3호로 1층이고, 우리는 8호로 2층이었다. 투숙객 대부분이 광부였고, 호텔 운영도 광부의 일과를 기준으로 돌아갔다. 실제로 파라버두 인에서 우리 같은 여행객은 전혀 눈에 띄지 않았다. 안 좋은 영화를 너무 많이 보아서 그런지 모르겠는데, 누구라도 마주칠라 치면 괜히 긴장부터 되었다.

"어이, 친구!"

하고 어깨라도 치면 바로 줄행랑을 놓아야 할 것 같았다. 사실 파라버두 전체를 통틀어서 순수 여행객은 우리밖에 없는 것 같았다. 파라버두는 그런 곳이었다.

우리는 각자 방에 들어가서 잠시 쉰 후, 믹과 베티 방에 다시 모였다. 저녁을 먹기 위해서였다. 점심으로 먹은 피시 앤드 칩스가 아직 배 안에 있어서 간단하게 먹기로 했다. 그래서 치즈, 올리브, 소시지, 훈제한 굴 등과 곁들여 먹는 과자였다. 그리고 산책을 나갔다. 밤공기가 청량했다. 한 모금씩 들이마시고 내쉴 때마다 심신이 정화되는 느낌이었다. 살랑살랑 불어오는 밤바람이 상쾌함을 보탰다. 믹과 베티가 말했다.

"너희들이 겨울에 와서 다행이야. 여름에 왔으면 40도가 넘어서 엄청 고생했을 거야. 이 일대가 호주에서 가장 더운 곳이거든. 160일 연속으로 38도가 넘은 적도 있었어. 파리는 또 어떻고. 여기 파리는 장난이 아니야.

인간을 얼마나 좋아하는지 몰라."

우리가 갔을 때가 겨울 막바지라서 파리를 살짝 경험하기는 했다. 엄청 약이 올랐다. 왼쪽에서 후치면 오른쪽에 와서 붙고, 오른쪽에서 후치면 왼쪽에 와서 붙었다. 정말로 미치고 팔짝 뛰는 줄 알았다. 할 수만 있다면 몽땅 쳐 죽이고 싶었다. 정말이지 성가시기가 이루 다 말로 할 수 없을 만큼이었다.

파라버두 라이온스 공원(Paraburdoo Lions Park)에 들어섰다. 한쪽에 바비큐 시설을 설치되어 있었다. 가스 불을 한번 켜 보았다. 불이 들어왔다. 앞서 포트 헤들랜드에서 이야기한 것처럼 호주에서는 이런 바비큐 시설이 모두 공짜다. 가스까지 해서 모두 공짜다. 이해는 안 되지만 그렇다. 우리가 본 것만 해도 여러 군데였다. 카리지니 국립공원 안에도 있었고, 지난번에 간 케언즈(Cairns)에도 있었다. 믹이 즉석에서 제안했다.

"내일 여기서 바비큐 파티를 벌이자."

은영이와 나는 즉각 환호했다. 베티도 찬성했다. 믹과 베티 앞에서는 완전히 어린이가 되는 우리다. 친자식처럼 그렇게. 다음 날 저녁에 우리는 이곳에서 진짜로 바비큐 파티를 벌였다. 정말 행복했다. 그리고 그 다음 날 아침에는 계란과 베이컨을 갖고 나와서 구워 먹었다. 이 또한 정말 행복했다.

리오틴토 철광석 광산
(Rio Tinto Iron Ore Mine)

카리지니 국립공원 3박 4일 여행의 이틀째 날이 밝았다. 우리는 아침 8시까지 톰 프라이스 여행 안내소로 가야 한다. 전날 예약해 둔 '리오틴토 철광석 광산 여행' 때문이다. 마운틴 네임리스에 올랐을 때 내려다본 바로 그 노천광으로 뛰어드는 것이다. 이러한 노천광은 '리오틴토 철광석 광산 여행'과 같은 여행 상품을 이용하지 않고는 들어갈 수 없다. 우리는 노천광을 직접 구경한다는 사실에 기분이 한껏 들떠 있었다. 전날 두 눈으로 직접 목격한 거대함이기에 기대가 배가되었다.

'그곳에 직접 들어가 볼 수 있다니!'

그런데 이번에도 발등이 덮이는 신발이 필요했다. 나는 'BHP 빌리턴 넬슨 포인트 여행'에서처럼 믹의 운동화를 빌려 신었다. 바지는 반바지여도 괜찮았다. 'BHP 빌리턴 넬슨 포인트 여행'에서는 반드시 긴 바지를 입어야 해서 한 벌을 샀는데.

파라버두에서 톰 프라이스까지는 80km이다. 어제 달려온 길을 그대로 달려가야 한다. 아침 식사와 나갈 준비를 고려하면 최소한 6시에는 일어나야 하고, 우리는 6시 반에 모였고, 아침으로 우유와 시리얼(Cereal)을 먹은 후 얼른 출발했다. 한창 달리고 나서야 해가 떠올랐다. 오랜만에 보는 아웃백의 일출이었다. 지난 기억이 마구 떠올랐다. 은영이와 단 둘이 아웃백을 떠돌던 바로 그때다. 그때만큼 낯설고 매력적이었다. 이런 기억은 도대체 어디에 담겨 있던 것일까? 분명히 있는지도 모르고 살고 있는데, 어떤 계기가 되면 바로 어제 일처럼 이렇게 확 되살아나니 말이다. 누가 철광의 땅이 아니랄까 봐 하늘마저 핏빛이었다. 무척 아름다웠다.

톰 프라이스 여행 안내소에 도착했다. 출발 시간까지 20분 정도 남았다. 우리는 주변을 어슬렁어슬렁 돌아보면서 시간을 보냈다. 사람들이 속속 모여들었다. 그런데 모인 사람들의 면면을 보니 대부분 백인 할아버지와 할머니였다. 다들 믹과 베티 또래였는데, 그래서 우리가 최소한 스무 살은 차이가 나게 어렸다. 계절이 그래서였을까? 날짜가 그래서였을까? 시간대가 그래서였을까? 여행지의 특성상 그런 것일까? 왜 젊은 사람은 보이지 않는지, 왜 백인만 보이는지 의아했다. 드디어 출발 시간이 되었다. 많은 사람이 도로변에서 기다렸다. 따로 줄은 서지 않았다. 믹이 눈짓으로 도로 가까이 가자고 했다. 되도록 앞쪽에 서자는 뜻이었다. 잠시 후 대형 버스 1대가 왔고, 믹과 베티가 가장 먼저 올랐고, 은영이와 내가 그 다음으로 올랐고, 믹과 베티는 오른쪽 제일 앞자리를 비워 두고서 바로 뒷자리에 앉으며 말했다.

"너희는 여기 앉아라."

순간 망설여졌다. 버스에서 최고 명당자리였기 때문이다. 운전석 맞은편의 제일 앞자리 말이다. 이 자리는 보통 노약자를 위한 좌석이다. 지금 우리 둘을 빼고는 모두 노약자처럼 보인다. 믹과 베티의 지시라서 우선 앉았다. 거동이 불편한 사람이 오르면 바로 일어날 생각이었다. 다행히 계속 앉아 있을 수 있었다. 이 자리 덕분에 '리오틴토 철광석 광산 여행'이 우리에게 평생에 남을 신나고 환상적인 여행이 되었다. 우리를 이렇게 챙겨 주는 믹과 베티의 모습에서 돌아가신 할머니 생각이 난다. 나를, 우리를 이처럼 소중히 여겨 주는 생명체가 또 있구나 하는 생각에 가슴이 먹먹하다.

'사랑해요, 믹, 베티.'

버스가 출발했다. 천천히 톰 프라이스 중심가를 돌면서 톰 프라이스에 대한 설명을 들었다. 지리, 역사, 사회, 경제 등 모든 분야가 총망라되어 있었고, 운전사가 직접 설명해 주었고, 수백 번은 더 읊었는지 어조에서 여유가 묻어났다. 잠시 후 속력을 높이기 시작했다. 이내 중심가를 벗어났다. 마운틴 네임리스를 향해 달려갔다. 전날 우리가 달린 바로 그 마인 로드다. 삼거리를 만났다. 직진하면 계속 마인 로드이고, 우회전하면 네임리스 밸리 로드인 바로 거기였다. 전날 우리는 마운틴 네임리스로 가야 해서 우회전을 했고, 이번에는 직진을 했다. 도로 이름이 벌써 마인 로드가 아닌가. '마인 로드'를 직역하면 '광산 도로'가 되고, 우리는 광산으로 가야 한다. 얼마 안 가서 오른편으로 철길이 나란히 달리기 시작했다. 철길 오른편에는 전날 달린 비포장도로가 나란히 달리고 있었다. 그 오른편에는 마운틴 네임리스가 우뚝 서 있었다. 마운틴 네임리스가 서서히 버스 뒤로 사라졌다. 그리고 얼마 안 가서 광산 입구에 도착했다.

버스가 섰다. 인원 확인이 시작되었다. 꽤 까다로웠다. 그만큼 중요한 곳이고, 위험한 곳이라는 뜻이겠지? 확인이 끝났다. 버스가 다시 달리기 시작했다. 신세계가 펼쳐졌다. 비현실적으로 다가오도록 모든 것이 거대하고 황량하고 새붉었다. 운전사의 설명에 한층 힘이 들어가 있었다. 이제부터 본론인 것이다. 창밖 풍경에 맞추어서 칠광석이 어디에 묻혀 있는지, 어떻게 묻혀 있는지, 어떤 장비를 이용해서 어떤 식으로 캐내는지, 어떻게 이동시키는지, 어디서 어떻게 선별하는지 등을 속속들이 설명해 주었다. 나는 한 마디도 놓치지 않으려고 귀를 쫑긋 세웠고, 한 장면도 빼먹지 않으려고 눈동자를 굴렸다. 귀한 볼거리가 버려질까 봐 눈을 깜빡이는 시간조차 불안해했다.

광산 여행에서 가장 큰 볼거리는 뭐니 뭐니 해도 광산 자체였다. 이곳의 광산은 우리나라처럼 굴을 뚫고 들어가는 식이 아니었다. 인간의 손으로 팠다고는 도저히 믿을 수 없을 만큼 어마어마한 구덩이였는데, 놀라지 마시라, 이 구덩이는 그만큼의 산을 깎고 나서 파 들어간 것이다. 그러니까 산에 철광석이 묻혀 있었고, 산 하나를 없애면서 그 철광석을 캐냈고, 광맥이 지하로 이어져서 계속 파 들어가고 있는 것이다. 구덩이는 광맥이 끊길 때까지 계속 넓어지고 깊어질 것이다. 우리는 그러한 모습을 앞서 마운틴 네임리스 산에서 한눈에 조망할 수 있었다. 구덩이 바로

옆에서 버스가 섰다. 내렸으면 좋겠다고 생각했는데 진짜로 내리라고 했다. 다들 환호성을 지르며 내렸다. 이곳은 광산 내에서 유일하게 하차가 허락된 곳이다.

구덩이 쪽으로 걸어갔다. 한쪽에 전망대도 마련되어 있다. 전망대에 섰다. 앞서 말한 그 어마어마한 구덩이가 우리를 기다리고 있었다. 안쪽이 온통 시커멨다. 이 시커먼 것이 바로 철광석이다. 우리 옆으로 어마어마하게 큰 덤프트럭들이 연신 지나다녔다. 엔진 소리도 그렇고, 우리는 땅도 그렇고, 날리는 먼지도 그렇고 버스 안에서 볼 때보다 훨씬 박진감이 넘쳤다. 광산에 들어와서 처음 이 초대형 덤프트럭을 보았을 때만 해도 솔직히 이런 생각을 가졌다.

'무슨 트럭이 저렇게 크지? 꼭 저렇게 커야 하나? 너무 비효율적이지 않나?

그러나 광산 곳곳을 돌아다니다 보니, 특히 구덩이를 직접 목격하고 나니 절대로 과한 크기가 아니었다. 오히려 더 큰 덤프트럭이 필요해 보였다. 일반 덤프트럭으로 왔다 갔다 하다가는 도저히 일이 안 될 것 같았다. 그래서 광산에서는 덤프트럭만 초대형이 아니었다. 포클레인(Poclain), 트레일러트럭(Trailer truck) 등도 무시무시하게 컸다. 길옆에 세워져 있는 안내판이 이들의 급이 다른 규모를 대변해 주고 있었는데, 거기에는 이렇게 적혀 있었다.

No Light Vehicle is not allowed.

직역하면 '가벼운 차량 진입금지'다. 여기서 말하는 가벼운 차량에는 우리가 탄 대형 버스도 포함된다. 아마 이 글을 읽고 있는 사람이 일상적으로 타거나 본 그 어떤 차량도 가벼운 차량에 포함될 것이다. 15톤 트럭? 트레일러트럭? 차량 운반 트럭? 기름을 가득 채운 유조차? 쓰레기를 가득 채운 쓰레기차? 똥을 가득 채운 똥차? 모두 가벼운 차량일 뿐이다. 가볍지 않은 차량에는 오로지 이곳에서만 쓰이는 광산용 덤프트럭, 광산용 포클레인, 광산용 트레일러트럭 같은 것만 포함된다.

이러한 광산용 차량을 직접 운전하면 어떤 기분일까? 여기에는 무척 의미심장한 사실 한 가지가 숨겨져 있다. 이러한 초대형 차량 내지 장비를 운전하는 사람의 반 이상이 여성이다. 그만큼 운전하기 쉽다는 말이고, 여자가 주의 깊게 운전한다는 말이다. 버스 운전사가 해 준 설명 중에 이런 대목이 있었다.

"나도 광산에서 일했어야 했다. 운전하기는 이놈의 버스보다 훨씬 쉬우면서 연봉이 몇 배나 된다. 여자도 쉽게 한다."

목소리가 진짜로 억울해하는 것 같았다. 전망대 옆에 퇴역한 초대형 포클레인 한 대가 서 있었다. 앞에 'For Sale'이라고 커다랗게 붙어 있는 것으로 보아서 고철 값만 내면 가져갈 수 있는 것 같았다. 그런데 이렇게 반문하지 않을 수 없다.

"배달은 해 줍니까?"

나는 이놈의 비정상적으로 거대한 포클레인과 함께 서 있는 사람의 사진을 찍기 위해 비정상적인 노력을 기울였다. 사람이 함께 있어야 포클레인의 크기가 제대로 가늠될 수 있을 것 같았다. 원래 은영이를 넣으려고 했는데 싫다고 해서 어떻게든 사람이 있는 순간을 포착해서 찍어야 했다. 여러 순간을 포착했는데 하나같이 마음에 들지 않았다. 버스에 오를 시간이 되었다. 마음이 급했다. 사람의 씨가 말랐다. 포기하고 버스에 올랐다. 그런데 참 허무한 것이, 내가 이렇게 비정상적인 노력을 기울이고 있는 동안 은영이가 멀찍이서 그런 내 모습을 사진에 담았는데, 그 사진이 정확히 내가 찍으려던 사진이었다. 나중에 보면서 미치는 줄 알았다. 진작 말했으면 그렇게 오랫동안 비정상적인 노력을 기울이지 않았지! 그 뙤약볕 아래에서 말이야!

버스가 출발했다. 벨트 컨베이어(Belt Conveyer) 구역에 들어섰다. 운전사가 벨트 컨베이어에 대해 설명해 주었다.

"광산에서 캔 철광석은 2번 쪼개져서 20cm 크기가 되고, 이를 물로

씻어가며 진짜 철광석을 골라내게 돼요. 이때 가끔 금과 은도 나와요. 벨트 컨베이어를 위해서 300만 개의 롤러(Roller)와 600만 개의 베어링(Bearing)이 돌아가고 있어요. 오, 저기를 보세요! 열차에 철광석이 실리고 있어요."

하나하나가 정말 대단한 구경거리였다.

이 정도 둘러보고 광산을 떠났다. 여행 안내소로 돌아오니 오전 10시였다. 광산 안에서 보낸 시간만 따지면 1시간 반이다. 이상했다. 한나절을 몽땅 보낸 것 같은데? 그만큼 광산 안에서의 시간이 알찼다는 뜻이다. 참고로 이 철광석 광산이 톰 프라이스라는 도시를 탄생시켰다. 긴단하게나마 그 내력을 짚어 보면 다음과 같다.

1960년대 초반, 미국의 카이저 스틸(Kaiser Steel)이라는 회사 소속의 토마스 무어 프라이스(Tomas Moore Price)가 이곳에서 철광석 광맥을 발견했다. 그는 이것이 개발될 수 있도록 제반 여건을 정비한 후, 1962년 9월에 미국으로 돌아갔다. 그때 그의 나이가 이미 71세였다. 얼마 후 이 지역에 예상보다 훨씬 많은 양의 철광석이 묻혀 있다는 보고서가 그에게 전달되었다. 그리고 2시간 후에 그는 자신의 사무실 자리에서 죽은 채 발견되었다. 자연사였다. 행복에 거워하며 돌아가셨겠지? 이런 그를 기려서 철광석 광맥을 품고 있는 산을 '마운틴 톰 프라이스(Mountain Tom Price)'라고 명명했고, 그 옆에 세워진 도시를 톰 프라이스라고 명명했다.

죽음은 참 안타깝지만 이렇게 이름을 남겼으니까 성공한 인생이라고 볼 수 있을 것 같다. 그의 발견 덕분에 북쪽 해변에 댐피어라는 항구도시가 생겼고, 댐피어와 톰 프라이스를 잇는 철도가 놓였고, 철도는 더욱 깊숙이 파라버두까지 이어졌고, 댐피어를 위한 배후 신도시로서 카라타가 들어섰고, 이 카라타가 필바라 지역의 중심 도시가 되었다. 이 모든 과정이 한 사람의 발견 때문이라니 무척 놀랍다.

쇼핑센터에 가서 배를 채우기로 했다. 주동은 나였다. 아침에 시리얼과 우유만 먹었더니, 그리고 설명을 듣는 동안 계속해서 머리를 썼더니 허기졌다. 은영이는 케이크를 집었고, 믹은 고기가 든 빵을 집었고, 베티는 그냥 빵을 집었고, 나는 채소가 가득 든 샌드위치를 집었다. 그런데 하필이면 이날 베티가 준비한 점심이 채소 등을 넣어서 먹는 샌드위치였다. 진작 얘기해 주었으면 딴 것을 먹었을 텐데. 그렇다고 점심이 맛없거나 지겹지는 않았다. 이때 먹은 것도 그렇고, 점심 때 먹은 것도 그렇고 다 꿀맛이었다. 이렇게 힘을 보충한 후 카리지니 국립공원으로 향했다.

데일스 협곡(Dales Gorge) 1,
서큘러 풀(Circular Pool)

톰 프라이스가 비록 카리지니 국립공원의 관문도시이기는 해도 국립공원 경계까지 가는 데 40km는 족히 달려야 한다. 국립공원 경계에 도착했다고 해서 국립공원이 지닌 볼거리에 도착한 것도 아니다. 그곳에서 다시 수십 km씩 달려가야 볼거리들에 닿을 수 있다. 즉, 관문도시에서 합이 100km는 달려 주어야 볼거리 중의 하나에 도착하는 것이다. 웨스턴오스트레일리아의 100km는 우리가 아는 100km가 아니기에 가능한 일이다. 그러나 100km는 결국 100km이다. 아무리 운전하기 편한 100km라 해도 어쨌든 오롯이 달려야 하는 100km이다.

톰 프라이스에서 카리지니 국립공원으로 가다 보면 꽤 높은 고개를 하나 넘어야 한다. 40km 가까이 달리는 동안 고개다운 고개는 이곳이 전부인데, 주변이 워낙 평평한 대지이다 보니 고개를 넘다 보면 잠깐이나마 시야가 뻥 뚫리게 된다. 바로 그때 저 멀리 높은 산군을 확인할 수 있다. 이 산군이 바로 카리지니 국립공원이다. 그렇다고 카리지니 국립공원 전체는 아니다. 북쪽 일부분일 뿐이다. 카리지니 국립공원은 어디서 보든 한눈에 들어오지 않는다. 그만큼 넓다. 광활한 호주의 땅덩어리와 필바라 지역을 생각해 볼 때 어쩌면 우리나라보다 넓지 않은 것이 다행인지도 모르겠다. 이 산군 깊숙이 웨스턴오스트레일리아의 협곡미가 총집결해 있다. 이름하여 위노 협곡(Weano Gorge), 핸콕 협곡(Hancock Gorge), 위트눔 협곡(Wittenoom Gorge), 데일스 협곡(Dales Gorge), 칼라미나 협곡(Kalamina Gorge), 조프르 협곡(Joffre Gorge) 등이다. 하나같이 보는 순간

'아니, 세상에 이런 경치가!'

하며 탄복하게 되는 협곡들이다. 카리지니 국립공원을 탐방하러 간다는 말은 이들 협곡과 대면하러 간다는 말과 동일하다. 한편 산군과 어느 정도 거리를 두고서 산 하나가 우뚝 솟아 있다. 마운틴 브루스다. 이곳 또한 카리지니 국립공원에 속하며, 웨스턴오스트레일리아에서 두 번째로 높은 산이고, 첫 번째로 높은 산인 마운틴 미해리도 카리지니 국립공원에 속하지만 훨씬 남쪽에 있어서 이 길에서는 볼 수 없다.

고개를 넘었다. 계속해서 달렸다. 산군이 점점 자세히 보이는가 싶더니, 똑똑 떨어져서 산 한 기 한 기로 보였다. 국립공원 경계를 넘었다. 드디어 카리지니 국립공원에 들어선 것이다. 경계라고 해서 철조망 같은 건 없었다. 그저 표지판 하나가 전부였다.

도로가 오른쪽으로 꺾였다. 산줄기를 왼편에 두고 나란히 달리게 되었다. 마운틴 브루스가 오른편에서 균형을 잡아 주었다. 의미상 도로는 선대칭의 대칭선 역할을 했다. 한참을 달렸다. 왼편의 산줄기는 여전한데, 오른편의 마운틴 브루스가 뒤로 사라져 버렸다. '좌회전, 카리지니 국립공원 여행 안내소' 표지판이 나타났다. 톰 프라이스를 떠난 지 80km 만이었다. 우리는 좌회전을 했고, 그렇게 산줄기의 속살로 향하게 되었다. 얼마 안 가서 삼거리가 나왔다. 왼쪽으로 가면 여행 안내소이고, 오른쪽으로 가면 데일스 협곡이었다. 우리는 여행 안내소 쪽으로 꺾었다. 가야 하는 곳은 데일스 협곡이지만 입장권부터 사야 했다. 가다 보니 왼편에 비행기 활주로가 있었다. 참 대단한 호주 땅이다.

여행 안내소에 도착했다. 땀을 식히고, 자료를 구하고, 입장권을 끊었다. 입장권의 종류가 여러 가지였다. '지역 내 국립공원 1년권'을 선택했다. 웨스턴오스트레일리아에 산재한 국립공원을 1년 동안 들락날락할 수 있는 입장권이었다. 그런데 참 신기한 것이, 입장권의 단위가 사람이 아닌 자동차였다. 8인승까지는 일반 차, 그 이상은 버스, 바퀴가 2개면서 엔진이 달리면 이륜차였다. 자전거나 도보는 공짜였다. 그러니까 죽으러 들어오는 사람에게는 돈을 받지 않겠다는 뜻이다. 만약 누구라도 입장료를 아끼려고 걸어서 또는 자전거로 돌아보겠다는 사람이 있으면 꼭 이 말을 해 주고 싶다.

"딴 데 아끼세요."

1일권도 있었다. 하루 동안 웨스턴오스트레일리아 내에 있는 모든 국립공원을 들락날락할 수 있는 입장권이었다. 무척 매력적으로 들릴지 모르지만 글쎄, 과연 하루에 몇 곳이나 둘러볼 수 있을까? 한 곳도 제대로 못 둘러볼 것이다. 참고로 우리는 카리지니 국립공원을 둘러보는 데 사흘이 걸렸다. 대충 둘러보는 데도 그랬다.

여행 안내소를 나섰다. 데일스 협곡을 향해 달려갔다. 첫 목적지는 서큘러 풀 전망대(Circular Pool Lookout)였다. 가는 길에 입장권을 확인하는 곳이 따로 없었다. 대신 밖에서 잘 보이도록 입장권을 얹어 두어야 했다. 그러면 국립공원 직원이 돌아다니면서 일일이 확인하고, 없으면 엄청난 벌금을 매긴다. 얼마 안 가서 포장도로가 끝나고, 핏빛 흙길이 시작되었다. 뒤를 보니까 우리 차가 일으킨 핏빛 먼지가 온 세상을 시뻘겋게 덮고 있었다. 아주 가끔이지만 반대편 차와 엇갈릴 때면 온 세상이 핏빛으로 물들었다. 이 핏빛이 은영이와 내게 웨스턴오스트레일리아를 대표하는 빛깔이다.

9km쯤 달렸다. 핏빛 흙길만 쳐서 9km이다. 캠핑장을 지나쳤다. 잠시 후 주차장에 차를 세웠다. 캠핑장을 지나칠 때 믹이 말했다.

"원래 캠핑을 하려 했어. 트레일러를 못 구해서 못 했어."

아쉬웠다. 훨씬 멋진 여행, 특별한 여행이 될 수 있었을 텐데. 차에서 내렸다. 태양이 작열했다. 모자를 쓰니까 한결 나았다. 모자가 없었으면 아마 정수리에 불이 났을 것이다. 안내판 같은 것이 전혀 보이지 않았다. 우리는 지도를 보면서 대충 방향을 잡아 갔다. 큰 절벽을 만나면서 길이 끝났다. 운 좋게 그곳이 서큘러 풀 전망대였다.

미치도록 아름다운 풍경이 펼쳐졌다. 어설픈 구석 하나 없이 완벽하게 거대하고 조화롭고 신비로웠다. 서큘러 풀(Circular Pool), 그것은 마치 누군가가 거대한 제도기로 거대한 원을 그린 후, 그 모양대로 대지를 파 내려간 땅 같았다. 여기에 너무 매끈하면 어색할 것 같아서 굴곡을 더했고, 흙빛이면 밋밋할 것 같아서 핏빛을 칠했고, 긴장감을 불어넣기 위해 군데군데 대형 바윗덩어리들을 던져 놓았고, 생동감을 더하기 위해 여기저기 식물들을 심어 놓았다. 규모, 색감, 질감, 긴장감, 생동감 등 모든 면에서 대자연의 심혈이 들어간 걸작이었는데, 여기에 검푸른 소를 추가해서 선남선녀 몇 명까지 띄워 놓았으니 우리 같은 이방인은 어쩌라는 것인지 모르겠다. 이렇게 농락해 버리면 이제 귀국해서 무엇으로 감동을 받고, 무엇으로 금수강산을 삼으라는 것인지 모르겠다. 진정 절필이라도 하기를 바라는 것일까? 이것이 다가 아니었다. 삼면이 절벽으로 둘러싸인 안쪽에 소가 있으니 당연히 최상류에 해당한다. 그 아래로 같은 너비, 같은 깊이로 협곡이 길게 이어졌다. 끝이 언뜻 막힌 것처럼 보였는데, 물론 그럴 리 없을 것이다. 아마 크게 굽어 있을 것이다.

우리는 하류 쪽으로 발걸음을 옮겼다. 얼마 안 가서 협곡이 어떻게 꺾였는지, 다른 협곡과 어떻게 합류되었는지 한눈에 들어왔다. 이를 최고로 바라볼 수 있는 자리에 스리웨이 전망대(Three Ways Lookout)가 있었다. 이름처럼 세 줄기의 협곡이 만나는 자리다. 서큘러 풀에서 시작해서 흘러 내려온 협곡이 하나요, 포레스큐 폭포(Fortesque Falls)을 지나서 흘러 내려온 협곡이 다음 하나요, 이들이 합쳐져서 흘러 내려가는 협곡이 나머지 하나요, 이들을 통틀어서 부르는 이름이 바로 데일스 협곡(Dales Gorge)이다. 얼마 안 떨어진 곳에 협곡 속으로 들어갈 수 있는 탐방로가 있었다. 그리로 가 보았다. 초입에 안내판이 서 있었다.

2km, 2시간, 4등급

왕복 4km, 4시간이라는 뜻이겠지? 어느 정도 거리가 된다. 살짝 걱정
이 되었다. 그렇다고 물러설 수는 없었다. 나는 안내판을 보면서 다짐에
다짐을 했다.

'만약 믹과 베티가 내려가지 말자고 하면 웃으면서 포기해야 한다. 절
대로 욕심을 부리면 안 된다. 믹과 베티를 기다리게 해 놓고 우리끼리, 또
는 혼자서 내려가는 짓 따위는 절대로 하지 말아야 한다.'

그런데 믹과 베티가 흔쾌히 가자고 했다. 내려가다가 힘들면 발길을
돌리자면서. 정말로 고마웠다. 결론부터 이야기하자면 끝까지 다녀왔고,
왕복에 2km, 2시간이었다. 돌아와서야 이 사실을 알아챘는데, 순간 데일

스 협곡으로부터 큰 선물이라도 받은 것처럼 기뻤다. 4등급은 난이도이다. 1등급부터 6등급까지 있고, 4등급이면 중간보다 약간 힘든 길이다. 협곡 바닥까지 내려갔다 오는데 4등급이면 양반이라고 볼 수 있다.

협곡 아래로 내려가기 시작했다. 점점 깊이 들어갔다. 어느 정도 깊숙이 내려가자, 아까 전망대에서 받은 감동은 감동도 아님을 깨달았다. 핏빛 세상을 구경하는 것과 사방팔방이 핏빛인 것은 차원이 다른 경험이었다. 고개를 어디로 돌리든 핏빛이 아닌 곳이 없었다. 파란 하늘, 초록 나뭇잎, 하얀 나무줄기 등도 모두 그냥 파랗고, 초록이고, 하얀 것이 아니라 핏빛 세상에 존재하는 파란 공백, 초록 공백, 하얀 공백일 뿐이었다. 우리는 핏빛 속을 헤매고 있었다. 협곡 바닥에 도착했다. 왼쪽으로 꺾었다. 서큘러 풀 방향이었다. 잠시 후 베티가 붉은 퇴적층 사이에 박혀 있는 얇은 은빛 층을 가리키며 말했다.

"이게 석면이야."

석면이라고? 그 위험한 광석? 석면을 자연 속에서 원석 그대로 보기는 처음이었다. 이러한 은빛 층을 우리는 나중에 위트눔 협곡에서 실컷 구경할 수 있었다. 위트눔 협곡에는 석면 폐광이 있다. 어쩌면 같은 광맥일 수도 있겠다. 우리는 빙 둘러가야 하지만 광맥은 땅속으로 서로 연결될 수 있으니까.

서큘러 풀에 도착했다. 믹과 베티가 신발을 벗더니 발을 물에 담갔다. 은영이는 뒤처져서 아직 오지 않았다. 몇몇이 수영을 하고 있었다. 나는 얼른 옷을 벗었다. 은영이가 오면 못 벗게 할지도 모른다. 갈아입을 옷은 없었다. 이후 잘 말려야 한다. 아랫도리만 남기고 모두 벗었다. 은영이가

막 도착했다. 나는 믹과 베티, 그리고 은영이의 눈치를 살폈다. 모두

'그래, 이런 데 와서 네가 옷을 안 벗으면 인간이 아니지.'

하는 표정으로 쳐다보고 있었다. 승낙을 빙자한 낙담이었다. 물가로 갔다. 생각보다 깨끗하지 않았다. 발가락을 살짝 담갔다.

'앗! 차가워.'

하지만 이미 주사위는 던져졌다. 없어 보이게 옷을 다시 챙겨 입을 수는 없다. 얼어 죽는 한이 있더라도 물에 뛰어들어야 한다. 나는 배운 대로 준비운동을 시작했다. 믹과 베티가 미소를 지었고, 은영이는 냉소를 지었다. 심장에서 먼 곳부터 차례로 물을 적시다가 마지막 일격으로 몸을 던졌다. 얼어 죽지 않기 위해 헤엄을 시작했다. 시작은 평영이었다. 분위기 파악이다. 파악이 끝난 후 자유형으로 바꾸었다. 그렇다고 중앙을 가로지르지는 못했다. 너무 짙푸르러서 무서웠다. 잠시 후 믹과 베티가 일어나서 출발했다. 은영이가 따라나섰다. 나는 얼른 물 밖으로 나가서 옷을 입고 뒤따랐다.

오는 길에 협곡 바닥에 내려섰던 자리에 도착했다. 탐방로가 협곡을 따라 계속 이어졌다. 하지만 우리는 절벽 위로 올라갔다. 협곡을 따라 계속 내려가기에는 변수가 너무 많았다. 원점에 도착했다. 시계를 보니 1시간 반 정도 지나 있었다. 안내판에 적혀 있는 2시간은 아주 느린 걸음으로 왕복하고, 또 수영까지 제대로 즐겼을 때를 말하는 것 같았다.

데일스 협곡(Dales Gorge) 2, 포레스큐 폭포(Fortesque Falls)

차를 타고 포레스큐 폭포(Fortesque Falls)로 달려갔다. 사실 서큘러 풀과 포레스큐 폭포는 얼마 떨어져 있지 않다. 그러나 우리는 차로 이동했다. 믹과 베티는 아무리 가까운 거리도 무조건 차로 이동한다. 차에 모든 것이 있기 때문이다.

가는 길에 바비큐 시설을 발견했다. 실한 쉼터가 딸려 있었다. 견물생심이라고 점심을 먹고 가기로 했다. 식탁으로 쓸 만한 자리를 골라 앉았다. 그리고 음식들을 내왔다. 점심은 베티가 준비한 샌드위치였다. 우선 베티가 토마토, 오이, 치즈, 햄 등을 알맞은 크기로 잘라서 접시에 담았다. 그리고 각자 햄버거 빵을 하나씩 들고서 원하는 대로 끼워 먹었다. 여기에 시중에 파는 칩스(Chips)를 반찬처럼 곁들였다. 샌드위치는 그렇다

쳐도 어떻게 칩스가 밥상 위에 오를 수 있을까? 그래서 물었다.

"믹, 이 과자가 밥이에요? 이해가 안 돼요."

그러자 믹이 웃으며 말했다.

"너희들은 빵에 잼을 발라 먹잖아."

믹과 베티는 우리가 빵에 잼을 발라 먹을 때마다 이상하게 쳐다본다. 우리는 이상하게 쳐다보는 것 자체를 이상하게 여긴다. 일말 이해는 된다. 밥에 잼을 발라먹는 셈이니까. 그런데 아무리 생각해도 빵은 밥이 아니다.

샌드위치를 먹으면서 주위를 살펴보았다. 가스통이 바비큐 시설 아래에 있지 않고 멀찍이 떨어져서 철망으로 고정되어 있었다. 그 옆에 한 시설은 그 상태로 거의 땅에 묻혀 있기도 했다. 지금껏 다른 데서는 이렇지 않았다. 전부 불판 바로 아래에 가스통 자리가 마련되어 있었다.

"믹, 저게 가스통 아니에요?"

"맞아. 장난치는 놈들이 있어서 저렇게 설치해."

세상 어디에나 문제아 내지 요주의 인물은 있나 보다. 옆에 딩고(Dingo)를 주의하라는 안내판이 서 있었다. 딩고는 호주에만 있는 야생 개를 말한다. 믹이 안내판에 대해 설명해 주었다.

"원래 딩고는 사람을 해치는 동물이 아니야. 그런데 사람들이 먹이를 주니까 자꾸 사람 주변을 서성이게 되고, 그러다가 배가 무지하게 고프면 아기에게 달려들어. 어른에게는 아직 달려들지 않아."

우리는 이번 여행 마지막 날에 딩고를 만났다. 조그만 것이 참 귀여워 보였다. 화장실에 다녀오는 길에 거대한 개미집을 구경했다. 내 키보다 훨씬 컸다. 은영이와 단 둘이 아웃백을 떠돌던 때도 이런 개미집을 보았다. 그런데 그때는 버려진 것인지 하얗게 말라 있었는데, 이번 것은 촉촉이 젖어 있어서 개미를 찾아보았다. 한 마리도 보이지 않았다. 보였으면 아마 줄행랑을 쳤을 것이다. 우르르 달려들지도 모르니까.

식사를 마치고 다시 길을 나섰다. 5분도 채 가지 않아서 포레스큐 폭포 전망대(Fortesque Falls Lookout)에 도착했다. 서큘러 풀 전망대보다 여러 면에서 모자라는 풍경을 갖고 있었다. 폭포 자체도 명성에 비해 볼품이 없었다. 그렇다고 포레스큐 폭포 일대가 유죄는 아니다. 죄가 있다면 서큘러 풀 전망대에서 너무나 큰 감동을 받는 바람에 그것과 동급 내지 이상의 무엇을 기대하게 된 우리의 마음가짐이었다. 안내판에 '폭포까지 1km, 1시간'이라고 적혀 있었다. 이제는 안다, 왕복이 그렇다는 말이다. 위험 등급이 따로 표시되어 있지 않은 것으로 보아서 가볍게 다녀오면 될 것이다. 우리는 산책하는 기분으로 탐방로에 들어섰다.

편한 길이 이어졌다. 중간에 사람들이 모여 있어서 고개를 들이밀어 보았다. 아무것도 없었다. 뱀이 있었다고 했다. 한발 늦은 것이다. 이내 폭포에 도착했다. 사람들이 폭포 아래에서 수영을 즐기고 있었다. 호주 사람들은 신기하게도 물만 보면 뛰어들려고 한다. 그래서 그런지 여행지 안내문에 항상 '수영을 할 수 있음'과 같은 문구가 포함되어 있다. 수영 여부가 그 여행지나 여행 상품의 경쟁력에 영향을 미치는 것이다. 이곳에서는 수영을 포기했다. 수영을 하려면 저 아래까지 내려가야 했고, 옷을 말릴 시간도 부족했다. 대신 폭포 상류를 둘러보았다. 풍경이 아주 좋거나 물이 아주 맑지는 않았다. 그저 일반적인 개울 수준이었다.

이쯤 둘러보고 귀로에 올랐다. 쉬엄쉬엄 올라갔는데도 곧 출발점에 도착할 수 있었다. 우리는 곧장 차로 갔다. 아직 해가 많이 남아 있었지만 데일스 협곡 여행을 끝내기로 했다. 아무래도 해가 있을 때 파라버두에 도착하는 편이 나으니까.

파라버두를 향해 출발했다. 데일스 협곡에서 파라버두까지는 170km 였다. 그것도 그냥 170km가 아니라 그늘 한 점이 없는 170km였다. 중간쯤부터 쉴 만한 자리를 찾으며 달렸다. 역시 예상대로 쉽게 눈에 띄지 않았다. 어렵사리 한 곳을 발견했다. 도로 옆에 서 있는 대형 광고판의 그늘이었다. 우리는 대형 광고판을 양산 삼아 커피를 마시고, 오징어땅콩을 먹었다. 오징어땅콩은 한국에서 공수해 간 것이다. 한국을 떠나기 전에

"무엇을 가져갈까요? 필요한 것이 있나요?"

하고 물었을 때 믹이 기다렸다는 듯이 대답했다.

"오징어땅콩, 초코파이."

그래서 오징어땅콩과 초코파이만으로 가방 하나를 가득 채워서 가지고 갔다. 그중에 하나였다.

파라버두에 도착했다. 벌써 어둑어둑해지고 있었다. 카리지니 국립공원을 여행하는 동안 우리는 매일 아침저녁으로 170km씩 달렸다. 그만큼 멀리 떨어진 곳에서 묵었다는 뜻이다. 카리지니 국립공원 내는 좋지도 않은데 숙박료가 너무 비쌌고, 가장 가까운 도시인 톰 프라이스에는 빈방이 없었고, 최후의 보루로서 선택된 곳이 바로 파라버두였다. 그러니까 국립공원 안이 적당하지 않아서 100km 떨어진 곳(톰 프라이스)을 알아보았고, 그곳에 빈방이 없어서 170km 떨어진 곳(파라버두)에 방을 잡

은 것이다. 파라버두까지 방이 없었으면 카리지니 국립공원 여행을 포기할 수밖에 없다. 그렇다고 기름값이 싼 것도 아니었다. 필바라 지역은 호주 내에서도 물가가 비싸기로 유명한 곳이다. 믹이 이 170km를 두고 말했다.

"호주 아웃백에서는 일상이야. 170km밖에 안 되는걸, 뭐."

덕분에 우리는 호주 아웃백에 익숙해질 수 있었다. 같은 길을 여러 번 왕복했으니 말이다. 정이 들었는지 지금 무척 그립다. 당장이라도 가서 도로변에 서 있으면 우리 넷이 웃으며 왕복하는 모습을 볼 수 있을 것만 같다.

따로 방에 들어가서 몸을 잠시 추스른 후 다시 모였다. 그리고 이것저것 챙겨서 파라버두 라이온스 공원으로 갔다. 전날 계획한 바비큐 파티를 위해서였다. 파티라고 해서 북적북적하는 그런 파티는 아니었다. 그저 불 옆에 둘러서서 가져간 것을 구워 먹으며 맥주를 마시고, 이야기를 나누는 저녁 식사였다.

파라버두에서의
바비큐 파티

덥지도 춥지도 않고, 벌레도 없고, 하늘도 맑고, 달도 밝고, 사방이 고요한 저녁에 서로를 진심으로 위하는 네 사람이 둘러서서 고기를 구워가며 맥주잔을 기울이다 보면 할 말이 있어서 하는 말이 아닌 피가 흥겨워서 떨게 되는 수다가 있다. 시간이 지나고 나면 그저 흩어지고 마는 그런 의미 없는 대화가 아닌 곱씹을수록 소중한 추억이 되는 그런 소중한 말들이 있다. 이런 재미에 한번 맛들이고 나면 중독될 수밖에 없고, 그래서 우리는 호주에 가면 늘 믹, 베티와 바비큐 파티를 하고 싶어서 안달하게 된다. 파라버두에서 우리는 그런 바비큐 파티를 하러 파라버두 라이온스 공원으로 갔다.

그런데 가서 펴 보니까 하필이면 고기 상태가 별로 좋지 않았다. 반은 포트 헤들랜드의 콜스(Coles)에서 산 것이고, 반은 톰 프라이스의 콜스에

서 산 것인데 둘 다 파란 기가 감돌았다. 잘하면 먹을 수 있을 것 같기는 한데 베티가 완강히 반대했고, 결국 모두 버려 버렸다. 다행히 소시지는 넉넉했다. 그래, 무엇이든 구울 수만 있으면 된다. 상관없다. 빵을 준비하는 베티에게 은영이가 특별히 부탁했다.

"베티, 내 빵은 버터를 바르지 말아 주세요."

문득 이런 생각이 들었다.

'자기는 무슨 왕족이야? 만날 다이어트에, 몸에 좋은 것만 먹으려 하고.'

베티가 2조각만 남기고 모두 버터를 바른 후 은영이에게 물었다.

"이거면 되지?"

"예."

나는 본능적으로 기회가 왔음을 감지하고 그 2조각을 순식간에 입에 넣어서 보란 듯이 우걱우걱 씹어 먹었다. 이후 벌어진 광경은 뻔하다. 그 동안 하도 많이 겪어서 은영이도, 나도, 믹도, 베티도 이제 식상하게 된 광경이다. 은영이는 나를 인정사정없이 두들겨 팼고, 베티는 나를 손자 혼내듯이 혼냈고, 믹은 그런 나를

'매를 벌어요, 매를 벌어.'

하는 표정으로 바라보았다. 그래도 나는 행복했다. 은영이도 버터가 발린 빵을 먹게 되었으니까.

바비큐 파티 동안 참 많은 이야기를 나누었다. 늘 떠는 수다지만 이날 밤의 이야기는 특히 가슴 깊이 남아 있다. 믹이 스물다섯 살 때 영국을 떠나서 호주로 이민 온 이야기, 아들레이드에서 첫 직장 생활을 시작한 이야기, 은퇴하자마자 포트 헤들랜드에 왔어야 했다는 후회, 나중에 아들레이드로 돌아갈지 말지에 대한 고민, 그리고 여기에 은영이와 내가 처한 현실과 앞으로의 인생 계획 등이 보태지면서 이야기가 끝도 없이 이어졌다. 밤이 모자랄 지경이었다. 그렇다고 밤을 샐 수는 없었다. 우리는 아주 늦지 않게 호텔로 돌아왔고, 그대로 픽 쓰러져서 잠들었다.

다음 날 아침, 우리는 느지막이 일어나서 다시 파라버두 라이온스 공원으로 갔다. 아침을 해 먹기 위해서였다. 만약 은영이와 단둘이었다면 커피 한 잔, 빵 한 조각으로 때웠을 아침이지만 믹, 베티랑 함께이다 보니 차려 먹는 아침도 여행의 일부가 되었다. 공원으로 가는 동안 은영이가 유난히 좋아했다. 단둘이 여행할 때의 그 "선배, 이건 여행이 아니라 훈련이야! 노동이라고!" 하며 불평을 늘어놓던 은영이는 어디 가고 행복에 겨

워하는 은영이만 남았다.

자리를 펴니 8시 반이었다. 재료는 식빵, 양송이, 베이컨, 계란 등이었다. 빵을 제외하고 모두 구워 먹었다. 아침 8시 반밖에 안 되었는데 너무 뜨거웠다. 그늘이 없어서 더 힘들었다. 신기하게도 믹과 베티는 햇볕을 전혀 두려워하지 않았다. 그래서 우리는 "안 되겠어요. 햇볕이 너무 뜨거워서 그늘에 좀 있을게요." 같은 말을 꺼내지도 못하고 함께 굽고, 먹고, 치웠다. 총 1시간 반이 걸렸다. 이 1시간 반 동안 양송이, 베이컨, 계란 등은 각각 길어야 10분 정도 불판 위에 있었지만 우리는 1시간 반 전체를 불판 위에 있은 셈이다. 무시무시한 태양 아래에서 굽고, 지지고, 볶고, 먹고 있자니 우리가 굽히고, 지져지고, 볶이고, 먹히고 있는 것인지 진짜로 우리가 굽고, 지지고, 볶고, 먹고 있는 것인지 분간이 막 가지 않으려 했다. 중간에 은영이가 믹과 베티에게 물었다.

"햇볕이 따갑지 않으세요?"

믹이 대답했다.

"따뜻해."

우리랑 체질이 완전히 다른가 보다. 믹이 따뜻하고 말하던 그때, 우리 몸에서는 과장 하나 없이 연기가 나는 것 같았다.

밥을 먹는 동안 온갖 새들이 날아와서 성가시게 굴었다. 이런 것을 두고 '자연은 살아 있다'고 해도 되는지 모르겠지만 여하튼 우리는 새들을 파리처럼 후치며 밥을 먹어야 했다. 참 신기한 것이 새들은 종에 따라 각기 다른 방식으로 먹이를 탐했다. 갈색 몸통에 노란 눈두덩을 가진 새는 식탁 위까지 올라와서 난리법석을 떨며 탐했고, 호리호리하면서 흑색과

백색이 섞여 있는 새는 감히 식탁 위까지는 못 올라오고 풀밭을 서성대며 끈덕지게 먹이가 될 만한 것을 노렸고, 덩치가 큰 까마귀는 덩치에 걸맞도록 바비큐 불판을 통째로 점령하려 들었고, 백색 몸통에 눈두덩이 희뜩 까진 앵무새는 순한 생김새대로 다른 새들이 없는 자리만 골라 다니면서 조심스럽게 부스러기들을 주워 먹었다. 그래서 한편으로는 파리나 모기보다 더 성가셨다.

그리고 보니 파라버두라는 이름 자체가 새와 관련이 있기도 하다. 파라버두는 호주 원주민의 말인 피루파두(Pirupardu)에서 왔고, 피루파두는 고기를 뜻하는 Piru(피루)와 깃털을 뜻하는 Pardu(파두)의 합성어다. 여기서 말하는 고기와 깃털은 베어 아이드 코카투(Bare eyed Cockatoo)

의 고기와 깃털을 말한다. 베어 아이드 코카투는 직역하면 '눈꺼풀이 완전히 뒤집어져서 까진 앵무새'쯤 되는데, 앞서 '백색 몸통에 눈두덩이 희뜩 까진 앵무새'라고 표현한 바로 그 새이다. 우리는 이 새를 톰 프라이스에서 처음 보았다. 그때

'아니, 어떻게 저렇게 생겼지? 정말 신기하게 생겼네.'

하면서 놀라워했다. 눈 주위의 생김새도 그렇고, 새하얀 몸통도 그렇고, 뒤뚱뒤뚱 걷는 모양새도 그렇고, 온순한 성질까지 정말 그렇게 이국적일 수 없었다. 게다가 이런 특이한 새가 톰 프라이스의 까치나 파라버두의 비둘기라고 해도 과언이 아닐 만큼 흔하고, 또 사람을 무서워하지 않았으니 새 한 종을 가지고도 무척 놀라운 경험이 되었다. 그런데 파라버두 주민과 이야기를 나누다 보니까, 이 새가 그리 달가운 존재만은 아니었다. 너무 시끄럽다고 했다. 그러고 보니 저녁녘에 이 나무, 저 나무로 몰려다니면서 꽥꽥거릴 때는 정말이지 무지막지하게 소란스러웠다.

위노 협곡(Weano Gorge)

아침 식사를 마쳤다. 정리하고 여행을 시작하니 오전 11시였다. 우리는 위노 협곡(Weano Gorge)을 향해 달려갔다. 카리지니 국립공원의 서쪽 구역에 해당한다. 파라버두에서 위노 협곡까지는 70km를 직진한 후, 우회전해서 40km를 직진한 후, 좌회전해서 20km를 직진한 후, 좌회전해서 40km를 직진하면 된다. 직진이라고 적은 구간은 모두 갈림길이 하나도 없는 완전한 외길이고, 마지막 40km는 비포장도로이다. 그리고 마지막 좌회전까지는 첫날 오면서 한 번, 둘째 날 데일스 협곡을 오가면서 2번, 그리고 이번으로 4번째 달리는 길이다. 지나치는 산까지는 아니더라도 넘는 고개 정도는 모두 외운 상태였다.

황무지를 쭉 관통해 갔다. 너무 심심해서 맞은편에 자동차가 올 때마다 일일이 손을 흔들어 주었다. 그래도 몇 번이 되지 않을 만큼 차가 거의 다니지 않았다. 그런데 손을 흔들 때마다 믹과 베티가 웃었다. 이상했다. 믹이 하는 행동을 따라 했을 뿐인데? 실제로 믹도 그렇고, 맞은편 운전사도 그렇고 서로 손짓으로 인사를 했다. 마치 우리나라에서 버스 운전사들이 서로 인사를 나누듯 그렇게 말이다. 너무 웃으니까 중간부터 안 하게 되었다.

중간에 저 멀리서 도로를 따라 한 남자가 걸어오고 있었다.

'어디서 오는 것일까? 어디로 가는 것일까?'

아무것도 없는 도로를, 차로 달려도 지겨운 도로를 홀로 걷고 있는 남자라니! 모양새는 딱 근처 일터에서 작업을 하다가 무엇을 가지러 가는 것 같았다. 그런데 지금껏 달려온 길이나 앞으로 달려갈 길을 볼 때 이 남자가 온 곳도, 갈 곳도 묘연했다. 무슨 일인지 모르겠지만 참 불쌍하게 느껴졌다. 전혀 불쌍할 것이 없는 사람이 주변 풍경 때문에 아주 불쌍해져 버렸다.

달리는 동안 한번은 믹이 혼잣말처럼 이렇게 말했다.

"왜 캥거루가 안 보이지? 도로변에 나와서 풀을 뜯고 있어야 정상인데."

베티가 대답 겸 설명해 주었다.

"저 안쪽까지 풀이 많은 것을 보니 얼마 전에 비가 내렸나 봐. 야생화도 많이 피어 있고. 그래서 도로변까지 나올 필요가 없나 봐."

웨스턴오스트레일리아는 야생화가 특히 유명하다. 많은 여행 자료가 그렇게 말하고 있다. 마침 우리가 간 것이 우기가 끝난 직후라서 도로변

을 다양한 종의 야생화가 피어 있었다. 그렇다고 꽃구경을 위해 차를 세우지는 않았다. 믹도, 베티도, 은영이도, 나도 꽃에 별 관심이 없다. 피어 있으면 좋고, 안 피어 있어도 그만인 정도로만 관심을 갖고 있었다.

갈림길이 나왔다. 좌회전하면 위노 협곡으로 들어가는 길이고, 직진하면 오스키 로드하우스를 거쳐서 포트 헤들랜드로 돌아가는 길이다. 우리는 좌회전해 들어갔다. 이제야 처음 달리는 길이 시작되었다. 비포장도로였다. 비포장도로라고 해서 우리나라의 비포장도로가 아니라 온통 붉고, 곧고, 넓고, 비었고, 잘 닦여 있어서 즐겁고, 편하고, 빠르고, 안정적으로 질주할 수 있는 비포장도로였다. 시속 100km까지도 너끈했다. 웨스턴오스트레일리아 여행의 백미는 아웃백이고, 아웃백의 기본은 이런 붉은 흙길이다. 이런 흙길이 있어야 아웃백이 아웃백다워진다.

길이 살짝 오른쪽으로 꺾이면서 오르막으로 변했다. 그렇다고 고갯길 같지는 않고 그저 '조금 올라가네.' 정도였다. 우리나라 같으면 굳이 언급할 필요도 없겠지만 이쪽 일대가 워낙 평평하고, 광활한 땅이다 보니 이 정도의 오르막에도 시야가 탁 트여서 언급했다. 그렇게 고개 같지 않은 고개를 넘었다. 오르막이 오르막 같지 않았는데, 고개가 고개 같을 리 없다. 그래도 저 먼 곳까지 시야가 확 트이는 순간이 있었다. 반짝반짝하는 것들에 시선이 집중되었다. 주차장에 세워진 차들이었다. 우선 반가웠다. 문명이었기 때문이다. 그런데 아직 까마득히 남아 있었다. 비포장도로라서 더욱 멀게 느껴졌다.

생각보다 짧게 걸려서 주차장에 도착했다. 차에서 내렸다. 몇 걸음 안가서 정션 풀 전망대(Junction Pool Lookout)에 섰다. 바로 마주 보이는 시뻘건 절벽이 압권이었다. 전날 서큘러 풀 전망대에서 내가

"우아, 그랜드캐니언 같아요!"

하면서 감탄해마지 않자, 믹이 옆에서

"이 정도 갖고 뭘 그래? 내일 더 대단한 것을 볼 수 있어."

하고 말했는데 정말로 그랬다. 급이 다른 높이의 절벽은 급이 다른 깊이의 협곡을 탄생시켰고, 그 협곡은 또 급이 다른 진동수와 진폭으로 굴곡져 있었다. 나는 첫눈에 알아보았다,

'이 풍경을 사진에 오롯이 담는다는 것은 불가능하다.'

아쉽지만 어쩔 수 없었다. 문명의 한계였다. 이런 식의 한계라면 몇 번이고 감내할 수 있다. 한계를 접할 수 있어서 오히려 기뻤다. 협곡 내에

웅덩이도 있었다. 정선 풀(Junction Pool)이었다.

전망대 옆에 조그만 십자가가 세워져 있어서 가 보았다. 안내판을 읽어 보니 이곳 협곡이 범람해서 관광객들이 고립된 적이 있었고, 그때 그들을 구조하다가 지미 레간(Jimmy Legan)이라는 구조 요원이 목숨을 잃었고, 그를 기려서 협곡 안 웅덩이 하나에 그의 이름을 붙였다. 정선 풀보다 조금 위에 있는 레간스 풀(Legans Pool)이었다. 떠오르는 격언이 하나 있었다. '호랑이는 죽어서 가죽을 남기고, 사람은 죽어서 이름을 남긴다.' 은영이나 나나 이름을 남길 일이 있을까? 그러기에는 우리 인생이 너무 평범한데? 정선 풀 전망대를 떠났다. 길이 절벽 끝으로 이어졌다. 한번 따라 들어가 보았다. 탐방로 양편으로 협곡이 깊게 파여 있었다. 탐방로가 끝났다. 더 이상은 갈 수 없는 자리였다. 그곳에 옥서 전망대(Oxer

Lookout)가 있었다.

원편으로 위노 협곡(Weano Gorge)이 어제 막 갈라진 듯 삐죽삐죽 굽이치며 기어 왔다. 결코 자신의 길을 포기하지 않겠다는 군은 의지가 굽이굽이에 비쳤다. 위노 협곡 속으로 들어가는 탐방로가 따로 있었지만 이번 여행에서는 가지 않기로 했다.

오른편으로 핸콕 협곡(Hancock Gorge)이 지난한 과거를 한 줄 한 줄 아로새기고서 누워 있었다. 어찌 보면 주름살 같고, 어찌 보면 나이테 같았다. 핸콕 협곡 또한 속으로 들어가는 탐방로가 따로 나 있었다. 우리는 이 탐방로에 도전했고, 엄청난 비경을 즐겼다. 그 이야기는 다음 장에서 하기로 하고 지금은 옥서 전망대를 마무리하자.

정면으로는 조프르 협곡(Joffre Gorge)이 곧게 뻗어 나가고 있었고, 원편 저 멀리로는 레드 협곡이 길게 이어지고 있었다. 옥서 전망대에서 볼 수 있는 모든 협곡은 레드 협곡으로 합쳐져서 다음 세상을 넘어간다. 레드 협곡은 이름처럼 붉었다. 다른 협곡도 같이 붉었지만 수풀에 의해 크게 상쇄된 반면에 레드 협곡은 그렇지 않았다.

핸콕 협곡(Hancock Gorge)

옥서 전망대를 떠나서 핸콕 협곡 탐방로로 갔다. 안내판을 보니 등급이 조금 높았다. 길이 험하다는 뜻이다.

'가도 될까? 위험하지 않을까?'

고민을 막 시작하는데, 이번에도 선뜻 믹과 베티가 먼저 내려가자고 했다. 믹과 베티는 환갑이 넘었다. 하지만 엄청 젊게 산다. 오히려 우리가 몸을 사리는 편이다.

붉디붉은 절벽을 따라 한 발 한 발 조심스럽게 내려갔다. 등급이 높은 만큼 신중을 기했다. 다행히 다소 거칠기는 해도 위험하지는 않았다. 우리는 가급적 돌이나 나무에 손을 대지 않으려고 노력한다. 손을 대는 만큼 훼손될 것이다. 협곡 바닥에 거의 도착했다. 마지막 단계는 사다리였다. 안내판에 엄청 위험하다고 적혀 있었다. 하지만 직접 경험해 보니 아무것도 아니었다. 그런데 설계가 잘못되어 있어서 까딱하면 머리를 위에 톡 튀어나와 있는 부분에 박게 되어 있었다. 우리 중에는 박은 사람이 없었다. 하지만 앞서 오만상 세게 박은 사람이 있는 것 같았다. 안내판에 다음과 같이 신랄하게 욕이 적혀 있었다.

Designed by Deep Stick and paid by you!

직역해 보면 대략 다음과 같다.

어떤 멍청이가 만들었음. 그리고 (읽고 있는) 당신이 돈을 냈음.

여기서 '멍청이'로 번역되는 단어가 'Deep Stick(딥 스틱)'이다. 은영이와 나는 이 표현을 바로 며칠 전에 베티의 생일파티에서 배웠다. 대화 중에 제니도, 베티도, 믹도, 킴도 자꾸만 딥스틱(Dipstick) 어쩌고저쩌고, 딥스틱 어쩌고저쩌고 해서 무슨 뜻이냐고 물으니까 '멍청이'라고 했다. 특히 제니는 그 어원까지 친절하게 설명해 주었다.
"딥스틱(Dipstick)은 자동차 엔진오일 같은 것을 확인할 때 쓰는 긴 작대기야. 그래서 멍청이지."
그래서 왜 멍청이지? 여하튼 나도 알고 있는 단어 'Dipstick(딥스틱)'을 'Deep Stick'으로 잘못 쓰고 있었다. 아니나 다를까 믹이 지나가면서 한소리 했다.

"이놈이 진짜 딥스틱이네. 딥스틱도 제대로 못 쓰잖아?"

동감이다.

사다리가 끝났다. 협곡 바닥이었다. 핏빛 절벽이 우리를 중심으로 사방을 감싸고 있었다. 까마득히 높지는 않았다. 하기는 까마득히 높았으면 우리가 이렇게 내려오지도 못했다. 탐방로는 왼쪽이고, 물길을 따라 내려가는 방향이었다. 한 걸음 한 걸음 내디딜 때마다 엄청난 풍광이 한 걸음씩 다가와서, 한 걸음씩 물러갔다. 사람의 손길이 완전히 배제된 채 한 해 두 해 천천히 형성되어 온 풍광이라고 생각하니 더욱 대단해 보였다. 협곡 전체는 웅장하기 이를 데 없고, 단층 하나하나는 가녀리기 이를 데 없었다. 얼마나 가녀린지 손을 대는 순간 바스라질 것 같아서 조심스러울 정도였다. 탐방로는 물길과 서로 엮여 있었다. 굳이 둘을 정과 부로 나누어야 한다면 물길이 정이고, 탐방로가 부였다. 사람 길은 물길이 허락하는 자리에서만 평평하게 뻗을 수 있었고, 그렇지 않은 대부분의 구간에서는 절벽 언저리를 타고 다녔다. 우리는 사람이라 사람 길을 따랐다. 그러다가 물길이 사람 길을 완전히 막아 버린 구간이 있었다. 물길을 통하지 않고는 여정을 이어 갈 수 없었다. 잠깐 망설였다.

'돌아가야 하나?'

물길을 건너는 것으로 결론이 났다. 모두 신발과 양말을 벗어서 손에 들었다. 베티가 앞장서고, 믹이 다음이고, 은영이가 다음이고, 내가 마지막이었다. 요리조리 잘 선택해서 걸으니까 가장 깊은 자리가 허벅지 정도였다. 그런데 물때 때문에 바닥이 엄청 미끄러웠다. 다 가서 베티가 그만 미끄러져 버렸다. 별로 깊지 않았는데도 가슴까지 젖었다. 웃는 사이에 믹도 미끄러져서 명치까지 잠겨 버렸다. 둘 다 사진기를 보호하느라 더 젖었다. 은영이와 나는 다행히 미끄러지지 않았다. 위험한 순간이 두세 번 정도 있었지만 용케 통과할 수 있었다.

사람 길이 잠시 이어지다가 물길이 다시 가로막았다. 이번에는 너무 깊어서 걸어서는 건널 수 없었다. 망연자실하고 있는데, 거짓말처럼 반대편에 한 쌍이 나타나더니 절벽에 바짝 붙어서 이쪽으로 건너오는 것이 아닌가. 정말 구세주 같았다. 나는 이들을 응원했다.

'꼭 성공하세요. 그래야 저도 꿈꿀 수 있어요.'

그러나 3분의 2쯤 왔을 때 남자가 물에 빠져 버렸다.

'어? 역시 무리였나?'

목까지 단번에 잠겼다. 다행히 사진기는 번쩍 들어서 살렸다. 여자는 무사히 건너왔다. 여자의 성공에서 희망을 본 나는 성큼성큼 절벽으로 다가갔다. 뒤에서 믹, 베티, 은영이가 무언의 응원을 보냈다.

'그래, 이런 것을 두고 도전하지 않으면 네가 아니지.'

절벽 앞에 섰다. 사진기를 정수리에 얹은 후 모자를 눌러 썼다. 신발이 제대로 신겼는지 다시 한 번 점검했다. 절벽에 바짝 몸을 붙인 후 사지에 4분의 1씩 무게를 배분했다. 자, 이제 출발이다!

절벽은 생각보다 위험했다. 미끄러울 뿐만 아니라 물 쪽으로 살짝 기울어져 있어서 몸을 지탱하기가 여간 까다롭지 않았다. 내가 끙끙대며 기어가는 사이에 사내 둘이 수영으로 앞질러 갔다. 순간 집중력이 떨어졌다.

'안 돼!'

얼른 마음을 다잡았다. 물에 빠지면 큰일이다. 다행히 이내 평정을 되찾을 수 있었다.

'다 와 간다. 다 와 간다. 조금만 더. 조금만 더.'

몇 발이 남지 않았다. 사, 삼, 이, 일, 끝! 성공이다. 뒤를 돌아보았다. 믹, 베티, 은영이를 비롯하여 다들 나를 향해 손을 흔들고 있었다. 나도 손을 흔들며 화답했다.

'건너왔다고요! 해냈다고요!'

기분이 좋았다. 돌아갈 걱정은 나중에 하기로 하고 협곡 탐방을 시작했다.

대략 만 년쯤 거스른 듯했다. 그만큼 풍경에 태곳적 느낌이 가미되어

있었다. 모퉁이를 돌아들었다. 많이 좁고, 많이 깊고, 많이 긴 물길이 기다리고 있었다. 통과하는 방법은 딱 하나뿐이었다. 양팔과 양다리로 양편 절벽을 짚고 버티는 것. 그러니까 절벽 사이에 내 몸을 끼워서 공중 부양으로 통과해야 하는 것이다. 즉각 실행에 옮겼다. 양편 모두 절벽이 가로로 층이 져 있어서 생각보다 쉬웠다. 통과하는 내내 아래로 계곡물이 콸콸 흘러갔다. 실수하는 순간 크게 젖게 되어 있었다. 실수 없이 좁고, 깊고, 긴 물길이 끝났다. 몇 걸음 안 가서 이번에는 넓고, 깊고, 긴 웅덩이가 협곡 바닥을 가득 메우고 있었다. 헤엄쳐서 통과하는 방법이 가장 먼저 떠올랐다.

'안 돼.'

그렇다면 왼쪽 절벽이나 오른쪽 절벽을 타고 건너야 했다. 어느 쪽이나을까? 마침 왼쪽에서 사내 둘이 돌아 나왔다. 아까 수영으로 앞질러 간 사내들이다. 나는 사내들에게 물었다.

"Which side is easier?" (어느 쪽이 더 쉽나요?)

오른쪽이라고 했다. 자기들은 왼쪽으로 왔으면서? 나는 사내들의 조언대로 오른쪽 절벽에 붙어 섰다. 그리고 다시 한 번 온 신경을 사지에 집중해서 한 발 한 발, 한 손 한 손 내디뎠다. 내뻗는 족족 무지하게 매끈했다. 물에 닳을 대로 닳은 것 같았다. 나는 조금이라도 더 삐져나와 있는 자리를 찾아 발을 내디디고, 손을 내짚었다. 이런 나의 몸뚱어리 뒤로 웅덩이가 먹잇감을 노리는 아귀처럼 입을 벌리고 있었다. 나는 애써 아귀 쪽을 보지 않았다. 고소공포증과 다를 바 없는 공포가 밀려올 것이 뻔했다. 결국 성공했다. 아까보다 훨씬 까다롭고 겁났지만 결국 해냈다.

웅덩이를 지나자마자 이번에는 높이가 꽤 되는 폭포가 기다리고 있었다. 내가 서 있는 자리가 상단이었다. 폭포 아래에 커미츠 풀(Kermits Pool), 레간스 풀이 나란히 누워 있었다. 이 레간스 풀이 바로 앞서 설명한 구조 요원 지미 레간(Jimmy Legan)을 기리는 웅덩이다.

'다음 차례는 너희구나.'

하며 으름장을 놓아 보지만, 내려갈 방법이 영 마땅치 않았다. 좌우를 아무리 살펴도 길이 없었다. 하는 수 없이 포기했다. 하지만 발걸음이 떨어지지 않았다. 나는 두세 번을 돌아서고, 돌아선 후에야 겨우 발길을 돌릴 수 있었다.

올 때와 같은 방법으로 웅덩이를 비껴갔다. 그리고 좁고 깊고 긴 물길을 통과하기 위해 막 자세를 잡는데, 맞은편에 반가운 얼굴이 등장했다.

'믹?'

나도 모르게 기쁘게 외쳤다.

"우아, 믹!"

뒤이어서 베티와 은영이가 차례차례 등장했다. 전부 온 것이다. 그런데 그 마의 절벽 구간을 어떻게 통과했을까? 믹이 도착하자마자 물었다.

"어떻게 통과했어요?"

믹이 약간 흥분한 어조로 대답했다.

"포기하고 네가 오기를 기다리는데 절벽 위쪽으로 건너오는 사람이 있지 뭐야. 그래서 물어보니까 조금 무섭기는 해도 충분히 다닐 수 있대."

나중에 돌아갈 때는 나도 절벽 윗길을 이용했다. 훨씬 쉽고 편했다. 괜히 마음을 졸이며 사지를 놀렸다. 베티와 은영이도 도착했다. 나는 모두를 이끌고 넓고 깊고 긴 웅덩이로 갔다. 가는 길에 그만 믹이 미끄러져서 크게 엉덩방아를 찧었다. 엄청 크게 찧어서 걱정했지만 믹은 용수철처럼 바로 일어나서 이렇게 너스레를 떨었다.

"내 엉덩이에는 살이 많아서 아프기는커녕 튀어오를 수도 있어."

"나는 키가 작아서 엉덩이가 땅에서 그리 높지 않아."

"내 처진 엉덩이는 땅에서 떨어진 적이 없어."

한 문장 한 문장 들을 때마다 은영이와 나는 박장대소했고, 베티는 옆에서 딱 이런 표정으로 째려보았다.

'정신 차려라, 이 인간아!'

웅덩이에 다다랐다. 믹과 베티는 기다리고 있고, 은영이와 나는 조금 전에 내가 한 방식대로 웅덩이를 비껴갔다. 그리고 폭포 위에서 커미츠 풀과 레간스 풀을 내려다보며 사랑을 나누었다. 이 자리에서 이런 것을 막 적어도 되는지 모르겠지만, 뽀뽀를 나누었다. 뒤에서 보이지 않고, 앞에는 아무도 없고 해서 내가 막 우겼다. 그리고 발길을 돌려서 돌아갔고, 넷이 함께 좁고 깊고 긴 물길을 통과했고, 마의 절벽을 윗길로 해서 넘었고, 협곡을 따라 사다리까지 가서 절벽을 올랐다. 그렇게 차에 도착함으로써 핸콕 협곡 여행을 모두 마쳤다.

시계를 보았다. 오후 3시였다. 점심을 먹지 않았는데도 전혀 배가 고프지 않았다. 아침을 바비큐장에서 거하게 먹은 덕분이다. 그래도 점심을 먹기는 해야겠기에 자리를 찾아보았다. 우리 둘만 다닐 때와 달리 믹, 베티와 함께 다니니까 식사 자리를 찾는 것도 일이었다. 왜냐하면 걸터앉을 자리와 그늘이 필요했고, 가능하면 식탁으로 쓸 만한 것도 있어야 했다. 그래서 믹과 베티는 의자와 식탁을 항상 싣고 다닌다. 이번 카리지니 국립공원 여행 때도 마찬가지였다. 하지만 쉼터가 잘 갖추어져 있어서 사용할 일은 없었다. 주차장 옆에 쉼터가 있었다. 우리는 그곳에 점심상을 폈다. 과자가 놓이고, 곁들여 먹는 온갖 종류의 치즈와 올리브와 소시지가 놓이고, 칩스가 놓였다. 단출한 식사였다. 식사를 마친 후 파라버두를 향해 떠났다.

마운틴 브루스(Mountain Bruce)와
마지막 만찬

파라버두로 가는 길에 마운틴 브루스(Mountain Bruce)에 들렀다. 탐방로를 따라 잠시 걸어 들어갔고, 등산이 시작되는 지점에서 발걸음을 돌렸다. 무척 아쉬웠다. 그러나 어쩔 수 없었다. 해는 남았지만 핸콕 협곡만 해도 쉽지 않은 길이었고, 믹은 또 파라버두까지 운전해야 한다.

다시 길을 떠났다. 산고내달 달려서 파라버두에 도착했다. 저녁 6시였다. 우리는 각자 방에 들어가서 잠시 쉬었다. 그리고 7시에 다시 만나서 호텔 식당으로 갔다. 파라버두에서의 마지막 만찬을 위해서였다. 우리가 저녁을 샀다. 믹과 베티가 그러지 마라면서 한소리를 했지만, 요렇게 조렇게 돌려 이야기해서 결국 우리가 샀다. 먹은 것은 오징어 튀김, 피시 앤드 칩스, 팟타이(Phat Thai) 등이었다. 필바라에서 웬 태국 음식이냐고 하겠지만 딱히 먹을 것이 없어서 주문했다. 다행히 비싸지는 않았다. 물론 그만큼 맛있지도 않았다. 믹과 베티가 이구동성으로 말했다.

"광산 도시들이 원래 다 맛없고 비싸."

하기는 모든 물자를 광활한 황무지 너머로부터 실어 와야 하는데 무엇인들 풍족하고, 무엇인들 값싸고, 무엇인들 맛있을까? 음료수는 믹과 베티가 굳이 사겠다고 해서 냈다. 방에 들어와서 그대로 뻗었다. 어떻게 잠들었는지도 모르게 영혼이 달아났다. 은영이도 마찬가지였다. 믹과 베티도 아마 그랬을 것이다. 핸콕 협곡은 은근히 버거운 존재였다.

위트눔 협곡(Wittenoom Gorge)

카리지니 국립공원 3박 4일 여행의 마지막 날이 밝았다. 아침으로 시리얼을 먹고, 정각 8시에 길을 떠났다. 믹이 최종 점검을 하고 차에 오르며 말했다.

"여기에 다시 올 일은 없을 것 같다."

그럴 것 같았다. 아무래도 파라버두는 너무 구석진 곳에 있었다. 그래도 언제가 될지 몰라도 한 번은 다시 갈 것 같다. 먼 훗날에 추억을 되새김질하기 위해. 이내 큰길에 들어섰다. 커다란 도로 표지판 하나가 '파라버두의 저주'처럼 서 있었다.

톰 프라이스 80km
카리지니 국립공원 109km

뉴먼 335km
포트 헤들랜드 425km

톰 프라이스 80km와 카리지니 국립공원 109km는 지난 이틀 동안 꼬박꼬박 왕복한 길이다. 뉴먼 335km는 호주에서 가장 큰 노천광이 있지만 시간상 포기한 길이고, 포트 헤들랜드 425km는 오늘 우리가 도달해야 할 최종 목적지다. '파라버두의 저주' 뒤에 '파라버두의 배려' 같은 표지판이 하나 더 서 있었다.

파라버두에서 톰 프라이스까지,
일반 자동차 OK
4WD 차량 OK
트럭 OK

만약 여기에 'OK'가 아닌 'CLOSED'가 적혀 있으면 무조건 차를 돌려야 한다.
'설마 길이 완전히 막히기야 했겠어? 다 방법이 있을 거야.'
하고 길을 나섰다가는 반드시 낭패를 본다. 전에 믹이 요런 요행을 바라면서 길을 나섰다가 2박 3일 동안 발이 묶였고, 그때의 모습을 찍어 놓은 동영상을 보았는데 보는 내내 갑갑해 죽는 줄 알았다. 우리 같으면 아마 미치지 않았을까? 억울해서라도 미쳤을 것 같다. 웨스턴오스트레일리아는 그런 땅이다. 지금은 OK이니까 가도 된다.
톰 프라이스를 지났다. 조금만 더 가면 카리지니 국립공원이다. 이제

완전히 익숙해진 길이었다. 저 앞에 조그만 개 한 마리가 도로를 건너고 있었다. 동시에 문득 이런 생각이 들었다.

'어? 개가 살 만한 땅이 아닌데?'

아니나 다를까 믹이 갑자기 소리쳤다.

"딩고다! 봐라, 봐라!"

차가 섰다. 딩고도 서서 우리를 주시했다. 내가 차에서 내리려니까, 베티가 말렸다. 딩고는 우리를, 우리는 딩고를 그렇게 잠시 주목했다. 그러다가 딩고가 자기 길을 갔고, 그제야 우리도 우리 길을 갔다. 야생 딩고를 직접 보게 되다니.

마지막으로 둘러볼 카리지니 국립공원은 해머슬리 협곡(Hamersley Gorge)과 위트눔 협곡(Wittenoom Gorge)이었다. 그런데 가는 날이 장날이라고 하필이면 해머슬리 협곡으로 들어가는 길이 공사로 차단되어 있었다. 우리는 하는 수 없이 해머슬리 협곡을 포기하고 위트눔 협곡으로 곧장 갔다. 비포장도로가 시작되었다. 그럴 줄 알았다. 꽤 길게 이어졌다. 요동과 소음이 전혀 지겹지 않았다. 불쑥불쑥 나타나는 자연 그대로의 멋진 경치가 비포장도로의 맛을 더해 주었다.

리오틴토 협곡(Rio Tinto Gorge)에 들어섰다. 특히 재미있는 구간이었다. 도로가 슬슬 꺼지는가 싶더니, 어느 순간에 우리가 좁고 깊고 구불구불한 협곡 속을 달리고 있었다. 양편에 높다란 절벽이 곧추서 있고, 대부분의 길이 차 1대만 겨우 다닐 수 있을 만큼 좁았다. 그래서 교차할 때마다 한 대가 지정된 지점에서 기다려 주어야 했다. 운 없게도 큰 트럭과 마주쳤다. 우리가 한쪽에 서서 기다려 주었다. 트럭이 낑낑대면서 이리저리 방향을 틀어 통과했다. 마주 오는 차가 없어도 원래 그런 식으로 통과해야 하는 것 같았다. 보는 내내 이런 걱정 아닌 걱정이 들었다.

'저게 가능해? 저게 어떻게 가능해? 저러다가 끼이면 길이 완전히 막히는 거네?'

다행히 트럭은 절벽에 흠집 하나 내지 않고 통과했다. 어렵게 보여서 그렇지 불가능한 일은 아니었고, 역시 한두 번 해 본 솜씨가 아니었다. 협곡을 빠져나가다 보니 반대편에 특이하게 생긴 안내판이 있어서 읽어 보았다. 트럭은 진입하기 전에 어디로 연락하라는 내용이었다. 트럭 2대가 교차하는 것을 방지하기 위한 장치였다. 그냥 내버려 둔 것 같아도 다 관리되고 있었나 보다.

리오틴토 협곡을 빠져나왔다. 엄밀히 말하면 빠져나온 것이 아니라 협

곡이 벌어진 것이다. 한참을 달려서 삼거리를 만났다. 우선 반가웠다. 아
웃백에서는 이렇게 교차로를 만나는 일도 드무니까. 좌회전하면 포트 헤
들랜드이고, 직진하면 위트눔 협곡이었다. 우리는 위트눔 협곡 쪽으로
달렸다.

　슬슬 협곡이 시작되었다. 길이 빙 둘러가도록 나 있어서 그렇지 실제
로는 어제 둘러본 위노 협곡, 조프르 협곡, 핸콕 협곡, 레드 협곡 등과 한
줄기다. 위노 협곡, 조프르 협곡, 핸콕 협곡이 한데 모여서 레드 협곡이
되고, 레드 협곡의 하류에 해당하는 곳이 바로 위트눔 협곡이기 때문이
다. 이들을 한데 엮어서 탐방로가 나 있기는 하지만 감히 도전하지 못했
다. 아마 특별히 야생을 즐기겠다는 사람 외에는 도전하기 힘든 탐방로

가 아닐까 생각하는데, 우선 너무 길다.

협곡의 아름다움이 본격적으로 펼쳐지기 시작했다. 카리지니 국립공원에 산재한 그 어느 유명한 협곡에도 뒤지지 않을 만한 비경임과 동시에 무릉도원 같은 분위기가 담뿍 담겨 있었다. 핏빛 협곡을 밑바탕으로 깔고서 푸른빛이 곱게 덧칠되어 있는 고립된 세상! 정말이지 웨스턴오스트레일리아에 무릉도원이 있다면 무조건 위트눔 협곡이다.

거꾸로 위트눔 협곡을 두고 무릉도원이 있다고 떠벌리고 다녀도 무관하다. 10m, 10m 들어갈수록 점점 더 전설에 빠져드는 기분이었다. 고립되어 가는 느낌이기도 했다. 끝이 막혀 있음을 알기에 더욱 그랬는지도 모르겠다. 사방으로 각양각색의 봉우리들이 자신을 신비로움을 뽐내고 있었다. 어떤 것은 완벽하게 정삼각형이고, 어떤 것은 완벽하게 사다리꼴이고, 어떤 것은 딱 보아도 암컷이고, 어떤 것은 틀림없이 수컷이고, 어떤 것은 미소를 짓고 있고, 어떤 것은 뒷짐을 지고 있고, 어떤 것은 보조개를 뒤에 숨기고 있었다. 우리는 이 봉우리에서 저 봉우리로 옮겨 다니느라 눈동자를 잠시도 가만히 둘 수 없었다. 이러한 봉우리를 모두 품고 있는 곳이 위트눔 협곡이다.

그런데 사실 위트눔 협곡은 카리지니 국립공원에 속하지 않는다. 국립공원 지도를 보면 의아스럽게도 북쪽에 국립공원이 아닌 구역이 깊숙이 찌르고 들어와 있는 부분이 있는데, 이 부분이 몽땅 위트눔 협곡에 해당한다. 이곳이 국립공원에서 제외된 이유는 협곡 깊숙이 자리 잡고 있는 석면 광산 때문이다. 공식적으로 1953년에 개광되어서 1966년 12월에 폐광되었고, 현재는 광산과 관련된 잔재만 남아 있으며, 차가 딱 그까지만

들어갈 수 있게 되어 있다. 길 상태가 엉망이었다. 개천을 가로지르던 다리는 상판이 따로 나뒹굴었고, 길 중간중간에 깊게 파인 구덩이도 여러 개였다. 우리 차야 크고 높아서 문제가 없지만, 일반 차는 아무래도 힘겹게 통과하거나 포기해야 할 것 같았다. 웅덩이 말고 꽤 깊은 물길도 세 번이나 건너야 했다. 이는 모두 석면 광산 때문이다. 폐광으로 끝나지 않고 의도적으로 내버려졌기 때문이다.

길이 끝났다. 차에서 내렸다. 의외로 널찍하고, 주위에 옛 건물의 잔재가 즐비했다. 사무실, 교육장, 창고 등으로 쓰이던 건물이다. 한 바퀴를 둘러보았다. 그리고 믹과 베티가 우리를 한쪽으로 데려가면서 말했다.

"몇 달 전에 왔을 때 수영한 곳이 저기 있어."

30m쯤 들어가자 정말로 웅덩이가 있었다. 그런데 물이 너무 적고 탁했다. 그때는 우기였나 보다. 우리는 입맛을 다시면서 차로 돌아갔고, 그대로 협곡을 빠져나가기 시작했다. 중간에 잠시 차를 세워서 석면 광산을 구경했다. 이미 폐광되었지만 앞에 쌓여 있는 엄청난 양의 폐석 등으로도 충분한 볼거리가 되어 주었다. 가까이 가 보고 싶었다. 하지만 왠지 위험할 것 같아서 포기했다. 다시 출발해서 협곡을 빠져나가기 시작했다. 잠시 후 믹이 한 웅덩이를 가리키며 말했다.

"잠시 둘러보고 가자."

보아하니 우기에는 물길의 일부이다가 수량이 부족하면 웅덩이가 되는 그런 곳이었다. 차에서 내려서 물가로 가 보았다. 비교적 맑았다. 주변에 자라고 있는 수풀, 뒤에 우뚝 서 있는 봉우리 등과도 무척 잘 어울렸다. 우리는 잠시 거닐면서 사진을 찍고 놀았다. 그러다가 땅바닥에 떨어져 있는 석면 조각을 발견했다. 한 번 발견하고 나자, 땅바닥에 석면 조각이 엄청나게 널려 있음을 깨달았다. 마치 공사장에 깔려 있는 철사 조각 같았다. 신기하면서도 무서웠다. 이대로는 괜찮지만 만약 바람이 불어서 석면 먼지라도 날리면 엄청 신경이 쓰일 것 같았다. 다행히 바람이 전혀 불지 않았다. 이후 우리는 우리도 모르게 발자국을 사뿐사뿐 딛고 있었다. 조심해서 나쁠 것은 없다. 기념으로 석면층이 뚜렷한 돌멩이 2개를 주워 왔다. 하도 석면, 석면 해서 무슨 폭탄처럼 여기고 있었는데, 그냥 돌이었다.

유령도시 위트눔(Wittenoom)

위트눔 협곡을 빠져나왔다. 이어서 위트눔(Wittenoom)에 들렀다. 위트눔은 위트눔 협곡 입구에 있는 아름다운 마을이다. 광산이 흥할 때는 주민이 1,500명 가까이 되었으나 폐광 후에 쇠락하기 시작했고, 중간에 관광 등으로 잠시 되살아나는 듯했으나 정부의 마을 폐쇄 정책에 따라 이제는 유령 마을을 넘어 지도상에서 사라지고 있는 중이다.

차로 마을 곳곳을 돌아보았다. 온전히 남아 있는 건물은 대략 대여섯 채 정도이고, 그중에 두세 채 정도에서 사람이 살고 있는 것 같았다. 그런데 신기하게도 도로 표지판은 대부분 지금도 사용 중인 것처럼 온전히 서 있었다. 그래서 꼭 도로 표지판이 마을의 주인이고, 나머지는 주인이 살아갈 수 있도록 보필하는 존재인 것 같았다. 짐작하건대 흥할 때는 정말로 천국이 따로 없었을 것 같다. 세상의 그 어떤 걱정거리가 저 푸른 하

늘을, 저 웅장한 해머슬리 산줄기(Hamersley Range)를, 저 광활한 아웃백
을 건너올 수 있었을까? 아름답지 않은 것은 모두 하늘 너머, 산줄기 너
머, 아웃백 너머의 이야기였을 것이다.

돌아다니다가 영업 중인 가게를 발견했다. 위트눔 보석 가게
(Wittenoom Gem Shop)였다. 우리는 차를 세우고 안에 들어가 보았다. 입
장료가 있었다. 로번의 옛 감옥과 같은 방식이었는데, 이번에도 베티는 1
사람당 금색 동전을 하나씩 그러니까 2호주달러씩 넣으려 했고, 믹은 너
무 많지 않으냐며 딴지를 걸었고, 이에 베티가 발끈해서 둘이 티격태격
했고, 결국 베티가 이겨서 8호주달러를 돈 통에 넣었다. 뒤에서 우리는
믹과 베티의 그런 모습을 물끄러미 지켜보고 있었다. 솔직히 즐겼다.

안으로 들어섰다. 간판만 보석 가게지 사실은 위트눔에 관한 모든 것

이 총망라되어 있는 박물관이었다. 할머니 한 분이 가게를 지키고 있었다. 할머니 또한 전시품의 일부라고 해도 과언이 아닐 만큼 위트눔의 산 증인이었는데, 우리는 본의 아니게 할머니와 많은 이야기를 나누게 되었다. 우리가 들을 준비가 된 사람임을 인지하는 순간 할머니가

'내 말 좀 들어 보소.'

하는 심정으로 가게 문을 열고 있는 목적, 위트눔의 역사, 위트눔이 처한 상황, 정부가 하고 있는 짓거리 등에 대해 열변을 토했기 때문이다. 구구절절이 애정, 진솔함, 애절함 등이 배어 있었다.

할머니의 설명에 의하면 석면 채굴은 이미 1930년대부터 시작되었디. 1950년대에 석면의 위험성이 보고되기는 했으나 광산이 추가로 개발되는 등 채굴이 이어지다가 환경적인 요인이 아닌 수지타산이 맞지 않다는 이유로 1966년 자진 폐쇄했다. 이후 위트눔은 급속히 쇠락하기 시작했고, 정부의 폐쇄 정책과 맞물려서 오늘날에 이르고 있다. 현재 위트눔에는 8명이 살고 있다. 전기, 수도, 전화 등은 완전히 끊긴 상태이다. 최근 실시한 조사에서 마을이 더 이상 석면의 위험에 노출되어 있지 않다고 판명되었다는데, 글쎄? 계곡 안에서 우리가 본 것만 해도 엄청나게 많은 양이었는데? 내 개인적인 의견은 정부 편이다. 현재 살고 있는 8명이야 문제가 되지 않겠지만, 허가가 나고 훗날 몇 백 명, 몇 천 명이 모이게되면 틀림없이 문제가 불거지게 될 것이다. 나는 이쯤 듣고 가게 안을 둘러보러 나섰다. 믹, 베티, 은영이는 할머니의 설명을 계속 들었다. 이야기가 흥미진진해서라기보다 할머니의 열정 때문이었고, 나중에는 반대 명부에 인적사항을 기입하고 서명까지 했다고 했다.

내부를 둘러보았다. 정말 온갖 것이 진열되어 있었다. 그중에 가장 인상 깊은 것은 옛 사진들이었다. 한창때의 위트눔을 보면서 괜히 눈시울이 붉어졌다.

'이처럼 활기차고 아름답던 마을이 어떻게.'

하는 마음 때문이었다. 돌아다니다 보니 믹, 베티, 은영이도 가게 안을 돌아다니고 있었다. 할머니의 이야기가 드디어 끝난 것이다. 우리는 함께 조금 더 둘러본 후 위트눔을 떠났다.

카리지니 국립공원에서
돌아오는 길

위트눔 보석 가게를 나섰다. 그대로 위트눔을 벗어나서 포트 헤들랜드로 향했다. 한동안 비포장도로가 이어졌다. 어느덧 흙길에 익숙해져 있는 우리였다. 한참 후 포장도로에 올라섰다. 세상이 조용하고 편안했다. 문명의 혜택이라는 것이 이렇게 세련된 것이었구나! 이후 우리는 곧고, 평평하고, 매끈한 도로를 시원하고, 빠르고, 미끄러지듯 달렸다.

달리는 동안 'FLOODWAY(플러드웨이)'라고 적힌 표지판이 자주 등장했다. 플러드웨이(Floodway)는 방수로를 뜻한다. 우기 시 물에 잠기는 구간을 표시해 둔 것이다. 우기에는 카리지니 국립공원의 협곡들에서 흘러나온 물이 이곳을 기준으로 도로를 딱딱 끊어 놓게 된다. 앞서 파라버두를 떠날 때 설명한 것처럼 이런 식으로 한번 끊긴 도로는 하루고, 이틀이

고 물이 빠질 때까지 기다려야 한다. 그래서 도로가 시작되는 지점에 커다란 표지판을 세워 놓고 도로의 상태를 표시하는 것이다. 100km가 넘는 외길에 우회도로는 있을 수가 없다. 표지판에 막혔다고 표시되어 있으면 포기하고 며칠을 더 머무는 것이 상책이다.

　삼거리에 도착했다. 오스키 로드하우스가 있는 바로 그 삼거리이다. 우리는 오스키 로드하우스에 들러서 베이컨과 계란을 넣은 버거를 사 먹었다. 사흘 전에도 우리는 이곳에서 똑같이 앉아서, 똑같은 대화를 나누며, 똑같이 음식을 먹었다. 그때 생각에 자꾸만 실내를 두리번거리게 되었다. 쉽게 눈에 뜨일 것 같은데도 그럴 리 없고, 또 그래서는 안 되지만 그래도 자꾸 찾게 되는 이상야릇한 감정의 순환 고리 속에 내가 있었다. 아무래도 영화를 너무 많이 보았나 보다.

오스키 로드하우스를 떠났다. 이후 포트 헤들랜드까지 쉬지 않고 달렸다. 포트 헤들랜드에 가까워질수록 로드 트레인이 자주 등장했다. 그러다가 드디어 커다란 물탱크가 시야에 들어왔다. 이 물탱크 아래에 사우스 헤들랜드 캐러반파크가 있다. 달리고 달려서 시내에 들어섰다. 먼저 세차부터 했다. 물줄기가 닿을 때마다 핏빛 먼지가 한가득 씻겨 나왔다. 그렇게 아웃백의 흔적이 지워져 갔다.

세차를 끝냈다. 캐러반파크에 도착했다. 짐을 풀고 나서 제니의 캐러반에 놀러 갔다. 거기서 맥주를 한잔하며 카리지니 국립공원 여행에 관해 이야기를 나누었다. 제니도 여러 번 다녀온 곳이라서 대회기 다채롭게 이어졌다. 이야기를 마친 후 보금자리로 돌아와서 간단하게 고기 파이를 먹고 잠자리에 들었다. 슬프게도 이 밤이 우리가 포트 헤들랜드에서 보내는 마지막 밤이었다. 꿈만 같던 시간들. 안 그래도 며칠 전에 믹으로부터 전화가 왔다.

"모든 것이 전과 똑같아요?"

"캐러반을 개인 화장실이 딸린 곳으로 옮겼어."

"더 편해진 거네요?"

"내년에 한국에 갈게."

"유럽 여행은요?"

"한국에 다녀와서 생각해 보기로 했어"

"건강하세요."

통화하는 동안 포트 헤들랜드로 날아가고 싶어서 혼났다. 믹과 베티와의 추억은 늘 반감기가 아주 길다.

5
웨스턴 오스트레일리아를
떠나며

이제 공항으로 가기만 하면 끝이다. 가
는 내내 마음이 무거웠다. 이별은 늘 안
좋다. 공항에 도착했다. 18시 20분 비행
기인데 50분이나 지연되었다. 우리는 저
녁을 먹으며 기다렸다. 믹과 베티가 돌
아갔다. 배웅하다 보니까 주차장 한쪽에
'Muster Point(머스터 포인트)'라고 적힌
표지판이 있었다. 직역하면 '소집 장소'
쯤 된다. 이는 사이클론(Cyclone)이 왔을
때 대피하는 곳으로 그만큼 비바람이 엄
청나게 몰아친다는 뜻이다. 우리가 있는
동안 날씨가 좋아서 다행이다.

포트 헤들랜드 국제공항
(Port Hedland International Airport)

아침이 밝았다. 포트 헤들랜드에서의 마지막 날이다. 새벽 5시에 깨서 믹이 출근하는 것을 보았다. 그리고 화장실에 갔다가 다시 누웠는데 말똥말똥했다. 하기는 화장실에 한번 가려면 일어나서, 옷을 챙겨 입고, 텐트를 나서서, 50m쯤 걸어가야 하는데 이 과정을 역순으로 한 번 더 했으니 웬만해서는 다시 잠들기 힘들 것이다. 그렇다고 소변을 참을 수는 없다. 급한 상태가 된 후에 위 순서를 밟으면 정말이지 진땀깨나 흘려야 한다. 너무 피곤해서 딱 한 번 그런 적이 있는데, 마음이 점점 급해지면서 동시에 고통이 점점 커졌다. 두 번 다시 경험하고 싶지 않은 고통이었다. 말이 나온 김에 화장실에 대해 조금 더 이야기해 보면, 씻는 것도 화장실에서 하게 되어 있었다. 모든 칸이 샤워장과 화장실 겸용이고, 남녀 공용 칸과 여자 칸이 따로 있고, 우리는 늘 남녀 공용 칸에 같이 들어가서 씻고 정리하고 나왔다. 무서워서 그랬다. 화장실 앞에 이런 경고문까지 붙어 있는 마당에 그럴 수 없었다.

주사기가 발견되고 있다. 그런 짓을 하지 마라. 걸리면 죽는다.

캐러반파크 내 비싼 자리에는 개인용 화장실과 샤워장이 제공되었다. 믹과 베티는 처음부터 그런 자리를 원했는데, 자리가 나지 않아서 대기 중이었다.

포기하고 텐트 밖으로 나갔다. 안개가 가득 끼어 있었다. 포트 헤들랜드에서 처음 보는 안개였다. 잠시 후 베티가 출근하러 나왔다. 내가 반갑게 그러나 조용히 인사를 건넸다.

"Hello, Betty."

베티가 깜짝 놀라며 대답했다.

"Hello. What are you doing?"

몇 마디 대화를 나눈 후 베티가 출근했고, 나는 캐러반파크 여기저기를 배회하면서 아침을 맞았다. 은영이가 텐트에서 나왔다. 씻고 하루를 시작했다. 아침 8시 반에 베티가 돌아왔고, 셋이 함께 집안일을 해치웠고, 동시에 떠날 짐을 쌌고, 그러는 동안 나탈리가 아들레이드로 떠났다. 부모와 한 달을 보낸 후 집으로 돌아간 것이다. 킴은 전날 퍼스로 떠나고 없었다. 직장과 관련해서 일주일 동안 무슨 교육을 받아야 한다고 했고,

교육을 다 받고 나면 다른 지역으로 출장을 가야 한다고 했다. 우리까지 떠나고 나면 캐러반파크가 무척 조용해지지 않을까? 제니가 찾아와서 그동안 재미있었느냐, 다음에 또 오라는 등 따뜻한 인사를 건넸다. 오후 3시가 조금 넘어서 믹이 돌아왔고, 짐을 차에 실어서 포트 헤들랜드 요트클럽으로 가서 탁자와 의자 챙기는 일을 해치웠고, 스티브, 주디와 함께 커피를 마시면서 작별인사를 나누었다.

　요트클럽을 떠났다. 이제 공항으로 가기만 하면 끝이다. 가는 내내 마음이 무거웠다. 이별은 늘 안 좋다. 공항에 도착했다. 18시 20분 비행기인데 50분이나 지연되었다. 우리는 저녁을 먹으며 기다렸다. 빅과 베티가 돌아갔다. 배웅하다 보니까 주차장 한쪽에 'Muster Point(머스터 포인트)'라고 적힌 표지판이 있었다. 직역하면 '소집 장소'쯤 된다. 이는 사이클론(Cyclone)이 왔을 때 대피하는 곳으로 그만큼 비바람이 엄청나게 몰아친다는 뜻이다. 우리가 있는 동안 날씨가 좋아서 다행이다.

퍼스(Perth) 거쳐 인천으로

19시 10분, 비행기가 포트 헤들랜드 국제공항을 이륙했다. 믹과 베티 생각에 눈물을 흘렸다. 밤하늘을 쭉 관통해 갔다.

21시 10분, 퍼스 국제공항에 도착했다. 엄밀히 말하면 퍼스 국제공항의 국내선 청사다. 이제 우리는 국제선 청사로 달려가야 한다. 원래 환승하는 데 2시간의 여유가 있었으나 50분이 지연되는 바람에 1시간으로 줄었다. 순환 버스 정류장에 가서 시간표를 확인했다. 21시 50분에 있었다. 포기하고 택시를 타려는데 마침 버스 한 대가 들어왔다. 물어보니까 21시 35분 출발이라고 했다. 우리는 얼씨구나 하고 버스를 올랐다. 포트 헤들랜드 공항에서 이미 탑승권을 받아 놓은 상태라서 어느 정도 안심은 하고 있었다.

21시 35분, 순환 버스가 출발했다. 15분 후에 국제선 청사에 도착했다.

그런데 한쪽에 웨스턴오스트레일리아 여행 자료가 쭉 진열되어 있었다. 곧장 출국 수속을 밟으러 가도 빠듯한 판에 나는 여행 자료를 챙기느라 여념이 없었다. 은영이가 저 앞에서 이런 눈으로 나를 바라보았다.

'저 여행병자, 저 여행중독자, 저 역마살. 저런 놈을 도대체 어떻게 믿고 살지?'

여행 자료를 다 챙겼다. 발걸음을 떼자, 그제야 은영이가 고개를 절레 절레 흔들며 앞장섰다. 고마웠다. 출국 수속을 밟는 데 줄이 길어서 꽤 오 래 걸렸다.

22시 40분, 비행기에 올라탔다. 원래 22시 15분 출발이니까 25분 정도 늦은 셈이다. 우리 뒤로 아무도 타지 않았다. 결론적으로 우리가 가장 늦 게 올라탔다. 얼마 안 있어서 다음과 같은 기내 방송이 흘러나왔다.

"국내선 연착으로 도착하지 못한 승객이 있습니다. 그분의 짐을 빼는 대로 출발하겠습니다."

그래? 그렇다면 정말로 큰일 날 뻔했네? 나중에 안 사실이지만 이때 우리 짐은 우리를 미처 따라오지 못한 상태였다. 그만큼 우리가 순환 버스를 운 좋게 탔다는 말도 된다. 우리 짐은 나중에 다른 비행기로 싱가포르(Singapore)를 거쳐 한국에 도착했다. 덕분에 따로 가서 찾아야 했다.

23시 00분, 비행기가 퍼스 국제공항을 이륙했다. 빈자리가 엄청 많았 다. 은영이와 나는 좌석 4개를 이어서 편하게 누웠다.

아침 7시, 홍콩 국제공항에 도착했다. 그리고 홍콩에서 한나절을 보낸 후 오후 늦게 인천행 비행기에 올랐다. 이로써 웨스턴오스트레일리아 여 행을 모두 마쳤다.

에필로그

사우스오스트레일리아 아들레이드 솔즈베리 이스트
South Australia, Adelaide, Salisbury East.

사우스오스트레일리아(South Australia) 아들레이드 솔즈베리 이스트(Adelaide, Salisbury East). 바로 은영이와 나의 고향 마을이다. 미래가 한창 유동적일 때, 생각이 더할 나위 없이 말랑말랑할 때, 인생의 쓴맛을 본 적이 없을 때, 결혼하지 않아서 얽힌 것이 없을 때, 돈맛을 전혀 모를 때, 세상에 무서운 것이 없을 때 우리는 이곳에서 반년을 보냈다. 달리 고향 마을이 아니다. 그곳에서 완전히 다시 태어났기 때문에 고향 마을이다. 그래서 믹과 베티에게 무한한 고마움을 느낀다. 어떤 부분에서는 부모님 이상으로 소중한 존재다. 왜냐하면 믹과 베티와는 그 시작부터 은영이와 내가 함께했기 때문이다.

호주에 가서 살고 싶다. 나의 고향은 대구이고, 은영이의 고향도 대구지만, 우리의 고향은 호주다. 그 고향에 가서 살고 싶다. 도대체 우리는 무엇을 그리 많이 가졌기에 홀홀 털어 버리지 못하는 것일까? 무엇을 그리 계산할 것이 많기에 확 저지르지 못하고 있을까? 반년을 보내고 귀국했을 때가 생각난다. 당시 우리는 호주 이민에 대해 깊이 고려했고, 여기저기 구체적으로 알아보러 다녔고, 가능함을 알고 거의 실천에 옮긴 상태에서 그만 내가 덜컥 대기업에 입사하는 바람에 모든 것이 보류되고 말았다. 한 달 두 달, 한 해 두 해 지나서 어느덧 20년이나 되었다. 이제 우리는 청춘도 아니다. 지금도 물론 틈만 나면

"해방되면 뜨자. 호주에 가서 살자."

하고 있기는 하지만 힘이 많이 빠졌고, 회사는 아직 나를 해방시켜 줄 생각이 없는 것 같다. 이러다가 희망 고문으로 심신이 너덜너덜해진 후에야 해방을 빙자한 버림을 받을까 봐 걱정이다. 열정이 없는 우리는 무척 슬플 것이다. 그렇다고 회사를 때려치울 용기도 없다. 훗날 만약 본전 생각이 나면 무척 괴로울 것이다. 그렇게 되면 우리 자신이 얼마나 미울까?

하루하루 호주와 멀어짐을 느낀다. 그래도 꿈을 꾼다, 호주에서 사는 꿈. 고향 마을에서 믹과 베티와 이웃사촌으로 하루하루를 보내면 얼마나 행복할까? 이 책을 엮으면서 더더욱 호주에 가서 살고 싶어졌다. 그냥 호주 말고 믹과 베티의 이웃사촌으로 사는 고향 마을 호주. 돌아오는 9월에 아들레이드에 간다. 우리 둘의 고향 부모님을 만나러.